多塔部分预应力斜拉桥
品质建造施工关键技术

李宝东　郭　斌　吴明义◎著

陕西新华出版
陕西科学技术出版社
Shaanxi Science and Technology Press
西　安

图书在版编目（CIP）数据

多塔部分预应力斜拉桥品质建造施工关键技术 / 李宝东，郭斌，吴明义著．-- 西安：陕西科学技术出版社，2024. 10. -- ISBN 978-7-5369-9005-0

Ⅰ. U448.27

中国国家版本馆 CIP 数据核字第 2024SK9223 号

多塔部分预应力斜拉桥品质建造施工关键技术

DUOTA BUFEN YUYINGLI XIELAQIAO PINZHI JIANZAO SHIGONG GUANJIAN JISHU

李宝东　郭　斌　吴明义　著

责任编辑　黄　鹤
封面设计　星辰创意

出 版 者　陕西科学技术出版社
西安市曲江新区登高路 1388 号陕西新华出版传媒产业大厦 B 座
电话（029）81205187　传真（029）81205155　邮编 710061
http://www.snstp.com
发 行 者　陕西科学技术出版社
电话（029）81205180　81206809
印　　刷　天津鸿彬印刷有限公司
规　　格　787 mm × 1092 mm　16 开本
印　　张　10.75
字　　数　230 千字
版　　次　2024 年 10 月第 1 版
2024 年 10 月第 1 次印刷
书　　号　ISBN 978-7-5369-9005-0
定　　价　58.00 元

前　言

近30年特别是20年来，随着建筑技术、材料技术的进步，我国桥梁事业的发展日新月异，取得了一系列显著的成果，无论是桥梁跨度、新结构创新，还是桥梁施工新技术和新材料的使用，均不断刷新着世界桥梁的纪录，中国正在由桥梁大国向桥梁强国迈进。

中交一公局集团有限公司是大型国有施工企业，独立或参与承担了一大批国内外影响巨大的特大型桥梁工程，多项工程处于国际领先水平。一公局集团水上特大桥施工经验丰富，在索结构桥梁施工深水基础施工方面具有丰富的经验。在沙颍河特大桥深水基础施工研究过程中，项目技术团队解决了大型群桩深水基础施工方面的诸多难题。

本书涵盖了单索面矮塔斜拉桥、变宽钢箱梁桥、变宽预应力砼箱梁桥、变宽钢筋砼箱梁以及装配式组合箱梁等多种桥型，更有陆上水中基础深度的施工难点及解决方法，是沙颍河上的桥梁博物馆和深水基础施工教科书。本书内容以沙颍河特大桥施工为主线，内容翔实、丰富，是一本难得的参考资料。

矮塔斜拉桥也称部分斜拉桥，这种桥型的受力特性介于常规斜拉桥和连续梁桥之间，是一种刚柔相济的桥型。我国在2001年建成了首座矮塔斜拉桥——漳州战备大桥。早期建设矮塔斜拉桥时，拉索和索鞍之间的抗滑装置采用有黏结灌浆锚固式，存在拉索更换仅能采用整索换索方式的缺点。随着抗滑装置技术的创新改进，出现了圆形分丝管索鞍＋单侧抗滑锚固装置和菱形分丝管索鞍摩擦抗滑 2 个主要新技术应用，实现了钢绞线拉索的单根更换功能。本书依托沙颍河大桥工程，通过在实桥开展单根换索试验研究，并成功实现了钢绞线拉索的单根换索，可供同类型桥梁在后期换索施工时参考。

随着大跨度桥梁建设的发展，水中大型承台设计越来越多，大型水中承台围堰的施工方法较为繁多，工艺较为成熟。针对不同工程的结构特点选择适宜的围堰结构进行承台施工，锁口钢管桩围堰相较于双壁钢围堰和钢板桩围堰，更适用于深水大型承台，具有围水、挡护特性，同时又利用了钢管圆形截面的受力特点，简化了结构，对桥梁施工的安全、工期、经济和社会效益有重要影响。本书详细介绍了航道深水环境钢管桩围堰施工，项目采用锁口钢管桩作围堰围水闭水进行航道深水环境桥梁水中大型承台施工的成套技术。

本书是项目技术团队施工多塔矮塔斜拉桥时施工经验的总结，编写小组成员用近 1 年的时间完成，其中许多内容也是作者多年参与水中大跨度桥梁经验的积累。

目录

第一章　研究概述

1.1　背景工程概况

1.1.1　总体概况

G106 淮阳刘楼至项城李庄段改建工程项目是河南省普通干线公路网规划调整方案中 G106 的重要组成部分。位于河南省周口市项城市，全长 14.792 km，分为大桥段和公路段。

沙颍河特大桥段长 5 km，其中新建沙颍河特大桥 2632.2 m，主桥结构为（80+4×141+80）m 六跨五塔单索面双排索现浇箱梁斜拉桥，主桥箱梁采用后支点挂篮施工；引桥为装配式预应力混凝土箱梁、现浇箱梁、钢箱梁。

表 1.1　工程设计参数表

序号	指标名称	单位	指标值	备注
1	建设里程	km	5.0	
2	地形		平原微丘区	
3	公路等级		六车道一级公路	
4	设计行车速度	km/h	80	
5	路基宽度	m	34	
6	行车道宽度	m	2×（3×3.75）	
7	中间带宽度	m	4.0	含左侧路缘带 2×0.5 m
8	硬路肩宽度	m	3.0	
9	土路肩宽度	m	0.75	
10	路面类型		沥青混凝土	
11	桥面总宽	m	2×16.75 2×16	主桥整体式断面 引桥分离式断面

表 1.1（续）

序号	指标名称	指标值	备注
12	桥面净宽	2 × 15.0m	
13	桥涵设计荷载	公路 - Ⅰ级	
14	设计洪水频率：特大桥	1/300	
	设计洪水频率：路基	1/100	
	涵洞及其他小型排水物	1/100	
15	地震基本烈度	Ⅵ - Ⅷ	

1.1.2 建设条件

1.1.2.1 地形、地貌

桥位区横跨沙颍河，属于黄淮冲积平原地貌单元，场地现地面高程为 41.84 ~ 44.35 m，高差约为 2.5 m，地形整体较平坦，地形地貌条件较简单。路线穿越沙颍河处河床呈 U 形，宽约为 270 m，河床标高为 24.0 ~ 31.0 m，高差约为 8.0 m，河床起伏较大。

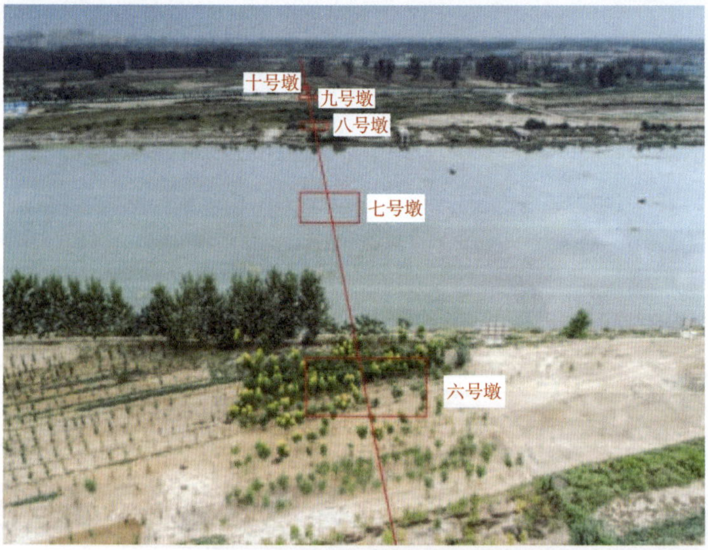

图 1.1　大桥主桥主墩位置示意图

1.1.2.2 地质条件

项目所在区域位于黄淮冲积平原，由于新生代以来地壳一直处于缓慢的沉降运动中，因此堆积较厚的第四系沉积物。在工程勘探深度内，所见地层均为第四系土层。上部第四系全新统冲积层主要为全新世河流泛滥形成，区内普遍存在，厚度不等，沉积韵律明显，岩性主要为粉土、粉质黏土和砂土，呈黄褐色、灰褐色及青灰色。下部第四系上更新统冲积层，主要为黄褐色、灰褐色粉土、粉质黏土和砂土，富含钙质结核，局部胶结成石盘。结合原位测试及土工试验成果，对拟建场地地基土进行综合分层和定名，现自上而下将其主要现场性状特征分述如下：

第一，人工填土（Q4 ml）。

人工填土多为素填土，局部为杂填土，素填土成分以黄褐色粉土、细砂为主，含植物根茎。杂填土为粉土含夹石块、砖块等建筑垃圾。

第二，第四系全新统冲积层（Q4 al）。

粉土：黄褐色、棕黄色，浅层多呈松散精密状，中下部呈中密～密实状，以粉粒为主，黏粒次之，含铁锰质铁锈染、植物根系，切面粗糙，砂感较强，干强度韧性低。

粉质黏土：灰褐色、青灰色，可塑为主。成分以黏粒为主，粉粒次之，含铁锰质铁锈染，钙核含量 10%～15%，直径 0.5～3.0 cm，土质均匀，切面稍光，干强度韧性中。

细砂：褐黄色，饱和，中密～密实。矿物质由石英、长石、云母等组成，砂质均匀，纯净，级配好，含有粉土颗粒。

粉砂：褐黄色，饱和，密实为主。主要成分由石英、长石、云母等矿物质组成，砂质均匀、纯净，级配好，分选性差，局部含黏粒团块。

第三，第四系上更新统冲积层（Q3 al）。

粉土：褐黄色、黄褐色，湿，中密。成分以粉粒为主，黏粒次之，砂感较强，含铁锈染，灰白条纹，偶见钙核，干强度韧性低。

细砂：黄褐色、褐黄色，饱和，中密，由石英、长石、云母等矿物质组成，砂质不纯，含大量泥质，级配差，分选性良好。

粉质黏土：黄褐色、灰褐色、青灰色，硬塑。成分以黏粒为主，粉粒次之，含铁锈条纹，灰白条纹，钙核约 5%，直径 0.2～4.0 cm，切面光滑，干强度韧性高。

1.1.2.3　气象、水文

本项目地处亚热带季风气候与暖温带季风气候交界处模糊地带，四季分明，降水充沛，热量充足，有利于动植物的生长。总的气候特点是：冬季低温有雨雪，夏季炎热雨集中，春旱秋雨季节短，春夏之交多干风。光、热、水资源充足，农作物及野生动植物资源丰富，适合于农林牧渔各业的综合发展。

年平均气温在 14.5～15.8℃之间。四季平均气温分别为 14.5℃、26℃、15℃和 1.6℃。极端最高气温达 43.2℃（1966 年 7 月 19 日河南省周口市），年平均气温变差为 27℃左右，年周期变化在 0～28℃之间。近年来，气温略有升高，在 1～2℃之间。全市平均霜期为 146 d，无霜期 219 d。

历年降水量为 689 ~ 816 mm，85% 以上的降水多在农作物生长季节，基本能满足农作物生长的需要。夏季降水集中，平均降水量为 371.9 mm，占全年降水量的 50.2%，且时空分布不均，多暴雨、大雨，雨量从周口东南至西北呈递减趋势；冬季降雪较稀少，降雪深度平均为 12 cm。

全市年平均日照时数为 2025 ~ 2269 h，全年太阳辐射总量为 510.84 kJ/cm^2，其中，能被植物利用的光合有效辐射量为 247 kJ/cm^2。分季度看，4 ~ 9 月是作物生长旺盛季节，正是降雨量最多、日照时数接近 200 h 的良好时段，这些气象要素对周口农业生产十分有利。

周口历年最多风向是北至东北，以东北偏北为主，4 ~ 7 月多吹东南至西南偏南风，以南风为主；其他月多在西北至东北之间，以东北偏北为主。历年平均风向频率是北至东北最多，南至西南次之，东南再次之，西至西北最少。风速平均 2.7 ~ 3.4 m/s，高达 40 m/s 以上。据历年资料分析，风速呈明显减弱趋势。

1.1.3 结构特点

1.1.3.1 主梁结构

主梁采用预应力混凝土结构，采用单箱三室直腹板箱梁断面。主梁顶宽 33.56 m，底宽 19.5 m，悬臂 7.03 m，墩顶根部梁高 5.2 m，跨中梁高 3.0 m，底板厚 32 ~ 90 cm，梁高和底板均按 1.8 次抛物线变化；主梁边腹板厚 0.6 ~ 1.1 m，中腹板厚 0.65 ~ 1.15 m，边室顶板厚 30 cm，中室顶板厚 50 cm。主梁在斜拉索锚固处及梁端设横隔板和横梁，横隔板上设有进入孔：有索区横隔板顺桥向间距 4 m，边室横隔板厚 30 cm，中室横隔板厚 50 cm；无索区横隔板顺桥向间距 3 m、4.25 m，横隔板厚 30 cm。箱梁顶板设置 2% 横坡。主梁悬臂翼缘板端部厚 0.2 m，根部厚 0.8 m。由于悬臂板长度较大（达 7.03 m），为满足其横向受力要求，在翼缘板下设置横向挑臂加劲肋，使之与翼缘板一起成为横向受力的 T 形梁结构，挑臂的根部高 1.1 m，端部高 0.3 m，梁高按直线变化，加劲肋厚 30 cm。箱梁节段划分为：0 号节段长 12 m，每个悬浇“T”纵向对称划分为 17 个节段，梁段数及梁段长从根部至跨中分别为 5 × 3.0 m、10 × 4 m、2 × 4.25 m，节段悬浇总长 63.5 m，边跨现浇段长 8.02 m，边、中跨合龙段长均为 2.0 m。

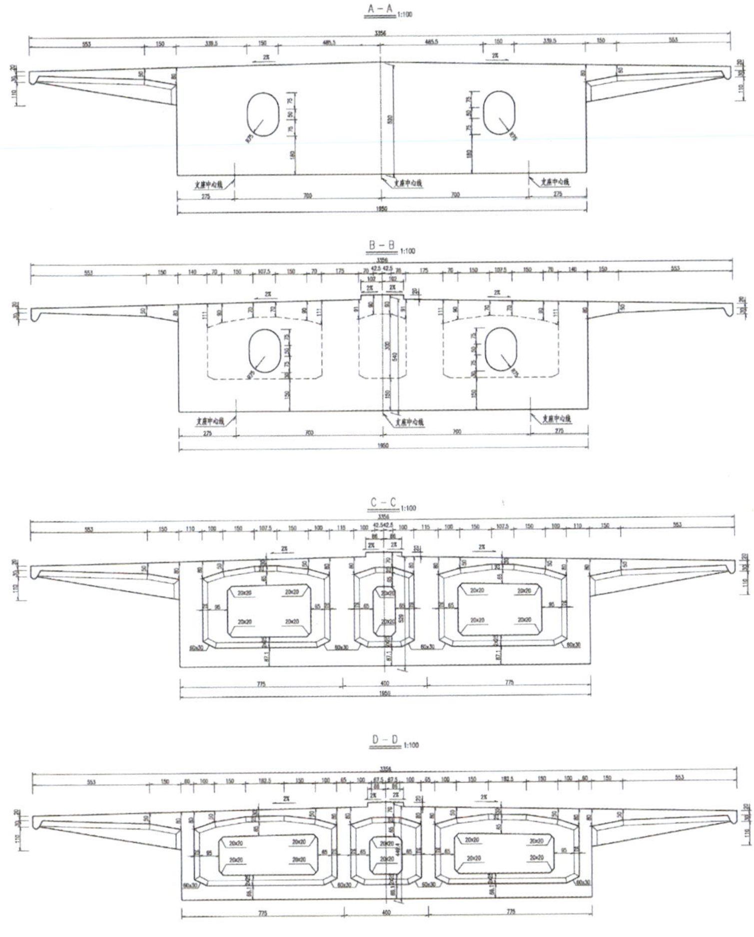

图 1.2　箱梁断面图

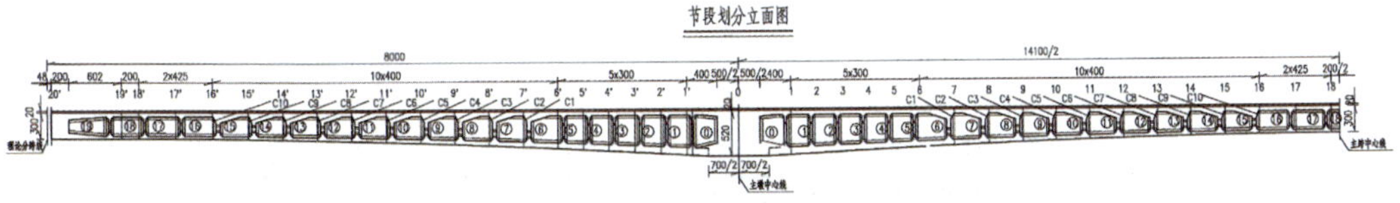

节段设计参数表

梁段号	19		18		17		16		15		14		13		12		11		10	
备注说明	边跨现浇段		合龙段		悬浇段17		悬浇段16		悬浇段15		悬浇段14		悬浇段13		悬浇段12		悬浇段11		悬浇段10	
节段长度(cm)	802		200		425		425		400		400		400		400		400		400	
截面编号	20'	19'	19'/19	18'/18	18'/18	17'/17	17'/17	16'/16	16'/16	15'/15	15'/15	14'/14	14'/14	13'/13	13'/13	12'/12	12'/12	11'/11	11'/11	10'/10
截面中心高度(cm)	300.0	300.0	300.0	300.0	300.0	301.6	301.6	305.5	305.5	311	311	318.1	318.1	326.8	326.8	337	337	348.5	348.5	361.5
边室顶板厚度(cm)	70	30.0	30.0	30.0	30.0	30.0	30.0	30.0	30.0	30.0	30.0	30.0	30.0	30.0	30.0	30.0	30.0	30.0	30.0	30.0
中室顶板厚度(cm)	70	50.0	50.0	50.0	50.0	50.0	50.0	50.0	50.0	50.0	50.0	50.0	50.0	50.0	50.0	50.0	50.0	50.0	50.0	50.0
底板厚度(cm)	72	32.0	32.0	32.0	32.0	32.4	32.4	33.4	33.4	34.9	34.9	36.8	36.8	39.1	39.1	41.7	41.7	44.8	44.8	48.2
边腹板厚度(cm)	90	60	60	60	60	60	60	60	60	60	60	60	60	60	60	60	60	60	60	60
中腹板厚度(cm)	115	65	65	65	65	65	65	65	65	65	65	65	65	65	65	65	65	65	65	65
C55混凝土体积(m^3)	380.8		55.5		132.1		133.0		132.9		134.9		137.4		140.5		144.0		146.6	

梁段号	9		8		7		6		5		4		3		2		1		0		
备注说明	悬浇段9		悬浇段8		悬浇段7		悬浇段6		悬浇段5		悬浇段4		悬浇段3		悬浇段2		悬浇段1		支架、托架现浇段0		
节段长度(cm)	400		400		400		400		300		300		300		300		300		1200		
截面编号	10'/10	9'/9	9'/9	8'/8	8'/8	7'/7	7'/7	6'/6	6'/6	5'/5	5'/5	4'/4	4'/4	3'/3	3'/3	2'/2	2'/2	1'/1	1'	0	1
截面中心高度(cm)	361.5	375.8	375.8	391.3	391.3	408.2	408.2	426.4	426.4	440.8	440.8	455.9	455.9	471.7	471.7	488.1	488.1	505.2	505.2	520.0	505.2
边室顶板厚度(cm)	30.0	30.0	30.0	30.0	30.0	30.0	30.0	30.0	30.0	30.0	30.0	30.0	30.0	30.0	30.0	30.0	30.0	30.0	30.0	70.0	30.0
中室顶板厚度(cm)	50.0	50.0	50.0	50.0	50.0	50.0	50.0	50.0	50.0	50.0	50.0	50.0	50.0	50.0	50.0	50.0	50.0	50.0	50.0	70.0	50.0
底板厚度(cm)	48.2	52	52	56.1	56.1	60.5	60.5	65.3	65.3	69.1	69.1	73.1	73.1	77.3	77.3	81.6	81.6	86.1	86.1	150.0	86.1
边腹板厚度(cm)	60	60	60	60	60	60	60	60	60	60	60	60	60	60	60	60	85	110	110	110	110
中腹板厚度(cm)	65	65	65	65	65	65	65	65	65	65	65	65	65	65	65	65	90	115	115	115	115
C55混凝土体积(m^3)	152.3		157.2		162.4		168.1		125.3		128.4		131.6		140.1		154.3		888.4		

图 1.3　箱梁立面及节段划分布置图

1.1.3.2 主塔结构

塔高 26 m，与跨径之比为 1/5.423。主塔横向宽 2.0 m，纵向宽由根部 5.0 m 渐变到 7.0 m。为增加索塔景观效果，塔身设置孔、洞和凹槽，增加美观性。在塔上设置索鞍，斜拉索通过外钢管穿过桥塔，在梁上两端张拉。

索鞍采用小钢管结构，即每根钢管内穿一根钢绞线，所有钢管均按设计在工厂制作成型，并焊接成整体预埋于桥塔内。

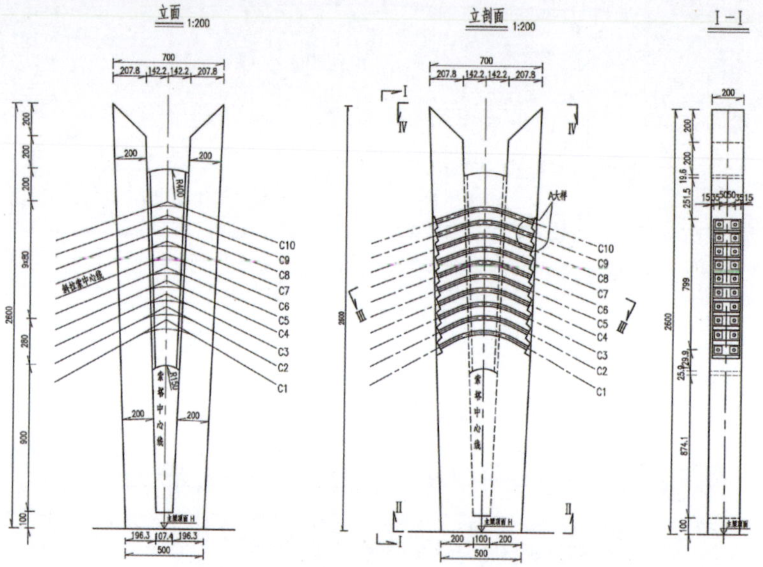

图 1.4　沙颍河特大桥主塔一般构造图

图 1.5　沙颍河特大桥主塔

1.2 研究的必要性

部分斜拉桥是一种创新的组合式桥梁结构，来自反拱形梁，融合了梁式桥和斜拉桥的特点。既有梁式桥的受力特性，也利用斜拉索在跨度上的优越性，因此具有极高的竞争力。在部分斜拉桥中，塔高较低、拉索倾斜角度较小，与常规斜拉桥相比，斜拉索的垂直承载能力有所降低。斜拉索的主要功能在于改进主梁的受力状况，可以将其视为主梁的外部预应力。目前，尽管部分斜拉桥与常规斜拉桥的结构体系截然不同，但学者们尚未提出基于部分斜拉桥本身的索力优化方法。

部分斜拉桥可以根据塔、梁、墩的连接方式分为固结体系和支座体系。在固结体系中，塔、梁、墩的固结部位通常设置大量的预应力钢束。配置三向预应力钢束使得该部位受力非常复杂。作为重要节点，该部位的受力性能至关重要。此外，对于超长基桩超大吨位的单桩竖向静载试验，传统加载方法已经无法满足试验要求。桥段深水围堰的施工质量保障，超重悬臂整体式挂篮及曲线变截面组合钢箱梁顶推等工艺均无可参考的成功案例。解决这些技术问题是确保工程成功和推广部分斜拉桥的关键。本研究的必要性主要体现在以下几个方面。

第一，提升桥梁建设效率与质量。本研究涉及多项关键技术，这些技术的应用有助于提升桥梁建设效率和质量，降低施工风险和成本，确保工程质量和美观性等要求。

第二，为类似工程提供重要参考。本研究的成果不仅对沙颍河特大桥的建设具有重大意义，还可为其他类似工程提供有益的参考和指导。

第三，创造良好的经济和社会效益。研究成果有助于提高桥梁建设效率和质量，降低施工风险和成本，进而创造良好的经济和社会效益。

第四，探索解决桥梁建设中的技术难题和管理问题。本研究致力于解决桥梁建设中的技术难题和管理问题，提供有益的经验和借鉴，为桥梁建设领域的研究提供重要支持。

综上所述，本研究的必要性体现在提升桥梁建设效率和质量、为类似工程提供重要参考、创造良好的经济和社会效益以及探索解决桥梁建设中的技术难题和管理问题等方面。

第二章　研究现状和研究问题的提出

2.1　部分斜拉桥国内外研究现状

2.1.1　发展现状

部分斜拉桥是介于斜拉桥和连续梁（刚构）之间的一种组合体系桥型。其在法国诞生之后，并没有得到应用，而日本对其高度重视，通过深入研究，认为部分斜拉桥在技术、经济和景观方面具有很多优点，并将其付诸实践。日本于1994年建成了第一座真正意义上的部分斜拉桥，即小田原港斜拉桥。多年来日本建成了大量部分斜拉桥。近些年来，部分斜拉桥逐渐受到建筑界的关注。我国的部分斜拉桥起步较晚，但一开始就令人瞩目。2000年建成的芜湖长江大桥是一座钢桁梁的部分斜拉桥，双层桥面，上层行驶汽车，下层行驶火车，主桥为（180+312+180）m，是世界上跨度较大的部分斜拉桥。此后，部分斜拉桥在我国得到了突飞猛进的发展。

目前，部分斜拉桥在世界各地都有修建，日本和我国是应用较多的国家。由于部分斜拉桥刚柔相济的特性，符合桥梁结构的受力特点，因此具有经济、美观、刚度大、施工方便的优点。在连续的高架桥中，遇到比标准跨度更大的跨度时，如果继续修建梁式桥，梁高将会很大，从景观和方便施工考虑，希望具有统一的梁高，此时部分斜拉桥是首选方案。另外，部分斜拉桥在修建铁路和多塔斜拉桥方面也有一定的优势，应用前景非常广阔。尽管在日本和我国各有多座这种桥梁建成，但仍有很多问题没有得到很好的解决。在最基本的桥梁结构形式的称呼上，对部分斜拉桥有很大争议，目前对部分斜拉桥的界定也有很大的争议，国外将其称为“超剂量预应力混凝土桥梁”。

国内对其称呼也存在争论，学者严国敏将其称为“部分斜拉桥”，王伯惠、顾安邦、徐君兰认为应该称其为“矮塔斜拉桥”。对这种桥型的定义也不够准确，有的学者认为应以主梁与索塔的刚度比来定义，也有的学者认为应以主梁与索塔分担的竖向荷载比来定义。对桥型的定义本应该以该桥最主要区别于其他桥型的特征来定义，因此研究部分斜拉桥的关键参数有很重要的意义。在斜拉索和预应力筋的优化配置问题上，部分斜拉桥主梁截面应力由预应力钢筋和斜拉索共同分担，预应力钢筋控制截面应力的费用比较少，但对截面应力控制的效果没有斜拉索明显，因此就出现了一个如何对斜拉索和预应力钢筋进行优化配置的问题。现有资料表明，部分斜拉桥的经济特性介于连续刚构和普通斜拉桥之间。国内外许多学者都对部分斜拉桥的经济跨径做了一些推断，这些推断都是建立在各自的工程经验上的结论，缺乏有效的说服力。部分斜拉桥斜拉索的容许应力，各国都有规定。比如，我国和日本的设计规范都规定为 0.4 a，而美国规定为 0.45 a。各国的规定值不尽相同，是因为荷载等情况不一样。

部分斜拉桥斜拉索的应力变幅一般为常规斜拉桥的 1/3 ~ 1/2，因此其容许应力可以高于常规斜拉桥。日本部分斜拉桥斜拉索的容许应力取值为 0.40 ~ 0.60，具体根据何种参数确定部分斜拉桥的容许应力这一问题需要进一步研究。在设计方面，目前部分斜拉桥的设计方法与常规斜拉桥的设计方法类似，但部分斜拉桥的结构特性不同于常规斜拉桥，部分斜拉桥有很多问题是常规斜拉桥不曾面临的。因此用常规斜拉桥的设计方法来设计部分斜拉桥有点牵强，有必要建立适合部分斜拉桥的专门的设计方法。众所周知，部分斜拉桥索塔两侧的斜拉索是通过鞍座，并以在鞍座上设置管道的形式通过的，索塔在斜拉索的拉力、自身的重量、其他斜拉索竖向压力等荷载作用下应力分布情况比较复杂，而且管道的偏差对部分斜拉桥局部应力分布影响较大。由于部分斜拉桥是多层超静定结构，施工过程中斜拉索的张拉与体系转换对成桥的受力状态有较大的影响，因此在部分斜拉桥施工过程中有必要针对具体的工程特点进行施工过程优化。部分斜拉桥是一种新型且发展速度相当快的桥梁，在施工、成本、美观等方面的优点决定了其在今后相当长的一段时间里会更加飞速发展，只有不断解决设计、施工以及理论上的难题，才能使其沿着更快、更好的方向发展。

图 2.1　芜湖长江大桥

2.1.2　结构特点

第一，塔高较矮，拉索倾角较小。斜拉索为主梁提供较大的轴向力，并且斜拉索尽可能密集地从塔顶鞍座上通过，锚固于主梁。一般塔高可取主跨的 1/12 ~ 1/8。

第二，以梁为主、索为辅，梁体高度约是同跨径梁式桥的 1/2 或常规斜拉桥的 2 倍，梁高与跨度之比较大，一般为 1/40 ~ 1/20。并且主梁自身承受大部分荷载，约 70% 斜拉索只承受 30% 荷载，起到帮扶作用。

第三，主梁无索区段较一般斜拉桥要长，有较明显的塔旁无索区段，不设置端锚索。

第四，边孔与主孔的跨度比值为 0.5 ~ 0.6，类似连续梁。

第五，为了充分利用矮塔的高度，斜拉索多呈扇形布置且较集中，通常布置在边跨、中跨 1/3 附近。在已建成的部分斜拉桥中，索鞍鞍座普遍采用双套管结构，斜拉索应力变幅一般只有斜拉桥的 1/3 左右。施工过程中及合龙后，基本不需进行斜拉索索力调整。

第六，适用跨径宜选择为 100 ~ 200 m，如果采用组合梁或复合梁，则跨径可达 300 m。

第七，尤其适用于多塔多跨和塔高受限制的情形，从刚度和疲劳考虑，更适用于铁路桥或双层桥面，但用于多跨时存在较大的梯度问题。

2.1.3 受力特点

索塔将斜拉索索力按一定比例分配给主梁的水平方向和垂直方向，当主梁刚度较大时，就可以降低塔高，以节约材料，并给主梁提供较大的水平分力，以解决主梁体内预应力的不足。所以部分斜拉桥索塔的作用主要是通过分配斜拉索索力从而实现对结构性能的改善。索塔对索力的分配作用不仅与自身高度有关，还与索力大小有关。斜拉索、预应力筋的用量和索塔塔高是相互影响的，索塔高些，斜拉索用量可少些，预应力筋的用量也可相应少些；反之，斜拉索用量多些，预应力筋的用量也相应多些。在一定范围内，通过索力优化调整因塔高降低造成的对结构的负面影响，具有十分重要的意义。同时在实际工程中，降低塔高对降低工程造价及缩短施工工期具有现实意义。

2.1.4 锚固特点

将常规斜拉桥和部分斜拉桥的索塔构造进行对比分析，可知 2 种桥型索塔均可以分为 2 种方式：一种方式为斜拉索直接锚固在索塔上；另一种方式为斜拉索贯穿索塔，锚固在桥塔另一侧的主梁上。部分斜拉桥目前主要采用索鞍式构造，并且分丝管索鞍结构正逐渐成熟。

第一，矮塔斜拉桥的斜拉索锚固形式与常规斜拉桥有较大差别，一般宜采用分层式鞍座锚固。其构造分为双套管索鞍结构和分丝管索鞍结构，只有极少数部分斜拉桥采用交叉式锚固。

第二，分丝管索鞍结构与双套管索鞍结构相比，很好地解决了双套管索鞍结构存在的索鞍下部与混凝土接触部位应力过大、穿索困难、钢绞线相互挤压、防腐效果无法检查等问题。目前分丝管索鞍结构逐渐成熟，在部分斜拉桥中得到了使用和推广。

第三，随着部分斜拉桥跨径的逐渐增大，索塔具有足够的锚固空间，钢锚箱等常规斜拉桥锚固形式被逐步应用到部分斜拉桥索塔体系。

2.1.5　发展趋势

第一，高塔型部分斜拉桥。高塔型部分斜拉桥将是部分斜拉桥的一个发展趋势。它不仅保留了部分斜拉桥斜拉索的高利用率特点，同时由于斜拉索水平倾角的增加，提高了斜拉索的竖向荷载分担率，而且可以适当降低主梁的高度，减轻主梁自重，减少地震荷载的效应。

第二，波形钢腹板部分斜拉桥。波形钢腹板不承受桥纵向的轴力，因此预应力施加的轴力全部作用在顶底板上，波形钢腹板主要承受由弯矩与扭矩产生的剪应力。与相同跨径的普通预应力箱梁相比，波形钢腹板的预应力箱梁自重可减轻 25% ~ 30%。波形钢腹板预应力箱梁出现后很快得到推广应用，其中以法国与日本应用较多。

第三，钢 – 混凝土混合主梁部分斜拉桥。混合梁斜拉桥具有主跨跨越能力强、边跨预应力混凝土梁能总体提高整座桥的刚度、减小主梁和斜拉索的疲劳影响、提高抗风性能和改善建筑外观以及主塔和边跨预应力混凝土梁可同时施工等一系列优点。

2.2　课题研究的问题与内容

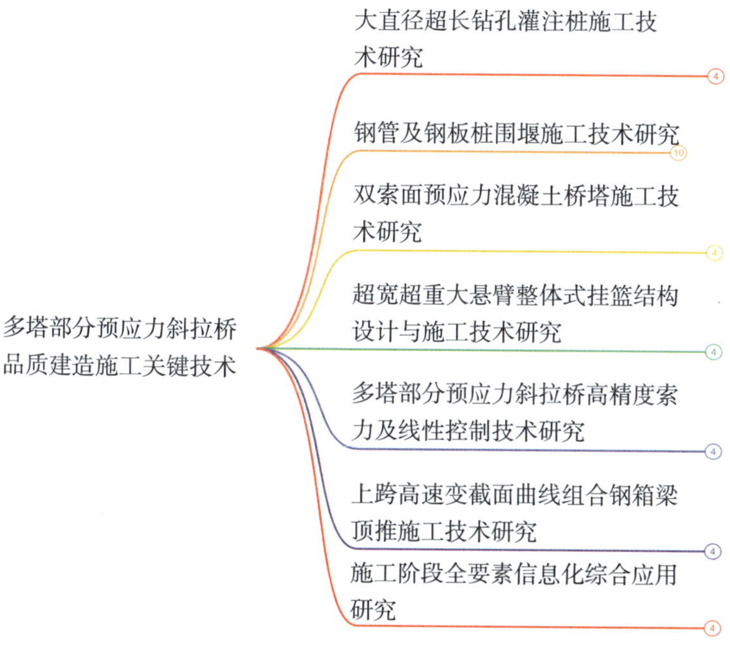

图 2.2　研究内容

2.2.1 大直径超长钻孔灌注桩施工技术研究

针对黄淮流域大直径超长钻孔灌注桩施工过程中的施工设备、施工组织、施工泥浆和施工参数（混凝土配合比、混凝土初凝时间等）进行提炼总结研究，对大桥后续桩基施工组织及质量提供依据及保障。

2.2.2 钢管及钢板桩围堰施工技术研究

钢管桩围堰作为水下结构施工的辅助设施，也存在较多的不确定的因素，诸如水位、水流、不良地质等。这些不确定的外部条件，会影响钢围堰的选型、尺寸设计以及工序安排。针对沙颍河特大桥基础施工，开展航道深水环境锁扣钢管桩围堰成套施工技术研究。临水临坡深基坑条件下的大型承台在施工工艺选择、结构受力分析验算、现场施工组织中具有较多的不确定因素，针对沙颍河特大桥基础施工，开展深基坑降水加双层支护钢板桩围堰成套施工技术研究。

提出降水开挖加双层组合支护钢板桩围堰的施工方法，对降水、单排支护、基坑开挖、围堰插打、纠偏、合龙、围堰内吸泥抽砂、封底、承台施工、桥墩施工、拆除工艺控制要点进行全面研究与总结。对过程中的安全关注工况进行分析，提出相关的监测及预案措施。

2.2.3 双索面预应力混凝土桥塔施工技术研究

双索面预应力混凝土桥塔是一种新型的桥梁结构，其施工技术也相对较为复杂。本书旨在对双索面预应力混凝土桥塔施工技术进行深入研究，探讨其施工过程、注意事项以及施工中可能出现的问题及其解决方案。双索面预应力混凝土桥塔施工技术的研究对于保证工程质量和安全具有重要意义。在施工过程中，需要注意安全、环保、材料保护等问题，及时解决可能出现的问题，保证施工质量和结构稳定性。

2.2.4 超宽超重大悬臂整体式挂篮结构设计与施工技术研究

理想的挂篮应具有结构简便，重量轻，安装、拆卸及使用方便、可靠，施工快速，浇筑施工中变形量小的特点。目前，挂篮的形式很多，构造上亦有差异，本项目超宽幅带肋三箱室适用挂篮形式缺乏研究。研究拟从以下方面开展：①挂篮选型及设计关键技术研究。首先，结合箱梁超宽幅、大悬臂、大体量、带肋板的特点，选择合适的挂篮结构形式。然后，利用空间有限元程序，对挂篮整体稳定性、扭曲变形、强度等进行计算分析，设计合理结构形式，并对挂篮的结构形式、设计参数等进行优化，保证挂篮的施工安全性和便捷性。②挂篮施工标准化技术研究。从技术交底形式、超宽幅挂篮安装、安全性测试内容、移机过程、箱梁施工、挂篮拆除方案等内容实现标准化管理，利用标准化操作流程对关键施工步骤形成质量保证体系，最终形成一整套宽幅大悬臂斜腹板脊骨梁拼装技术和标准化管理体系。③挂篮悬臂浇筑施工技术研究。采用选型及设计的挂篮，开展多塔宽幅部分斜拉桥的施工技术研究，针对多塔同步开展、结构预测较难问题，从提高悬臂浇筑效率、保证浇筑质量，提高线性精度等多角度出发，对悬臂浇筑过程进行统筹优化。

2.2.5 多塔部分预应力斜拉桥高精度索力及线性控制技术研究

多塔部分斜拉桥线形受多方面因素影响，存在一定控制风险。斜拉桥施工时建立严格的监控系统，适时采集结构几何尺寸、容重、收缩徐变、弹性模量、预应力、斜拉索张力、施工温度等各类技术参数，按实际参数根据计算、分析，确定下阶段立模标高及斜拉索初始张拉力，做好施工控制。采用自适应控制方法，开展斜拉桥的施工监控，保障线性与索力的控制精度。

2.2.6 上跨高速变截面曲线组合钢箱梁顶推施工技术研究

针对跨高速施工的变截面曲线组合钢箱梁，应用步履式顶推工艺，对支架、导梁、顶推千斤顶布置等进行设计研究，完善现场施工组织，以克服现场施工中的安全、质量、实时监测、避险和线形控制等难题。

2.2.7 施工阶段全要素信息化综合应用研究

施工阶段全要素信息化综合应用研究是指在建筑施工过程中，将各个要素进行信息化处理，并综合应用于施工过程中的研究。这些要素包括人员、物资、设备、质量、安全、进度、成本等方面的信息。通过信息化手段，将这些要素进行数据采集、分析、处理和管理，最终实现施工过程的全面掌控和优化。这种综合应用研究可以提高施工效率，降低成本，提升工程质量和安全水平，为建筑施工行业的可持续发展做出贡献。

2.3 课题研究的思路与方法

本书的研究思路主要是围绕沙颍河特大桥主桥及钢箱梁引桥展开，通过多项关键技术的研究和应用，提高桥梁建设的效率和质量，为类似工程提供依据，创造良好的社会效益和经济效益。

研究内容涵盖了多个方面，包括高精度索力及线形控制技术、大直径超长钻孔灌注桩施工技术、航道深水环境锁扣钢管桩围堰成套施工技术、深基坑降水加双层支护钢板桩围堰成套施工技术、高速变截面曲线组合钢箱梁顶推施工技术等。这些技术涉及桥梁建设的各个方面，具有较高的复杂性和技术难度。

研究采用了一系列科学的研究方法和技术手段，包括建立严格的监控系统，采集各类技术参数，按实际参数根据计算、分析、采用自适应控制方法，精细化模拟施工步骤等。这些方法和手段为研究提供了可靠的数据和分析结果，为后续的工程实施提供了重要的支撑。同时，研究还采用了文献调研、案例分析、实地考察等方法，对相关领域的研究现状和实践经验进行了深入探讨和总结。

2.4 课题研究的技术路径

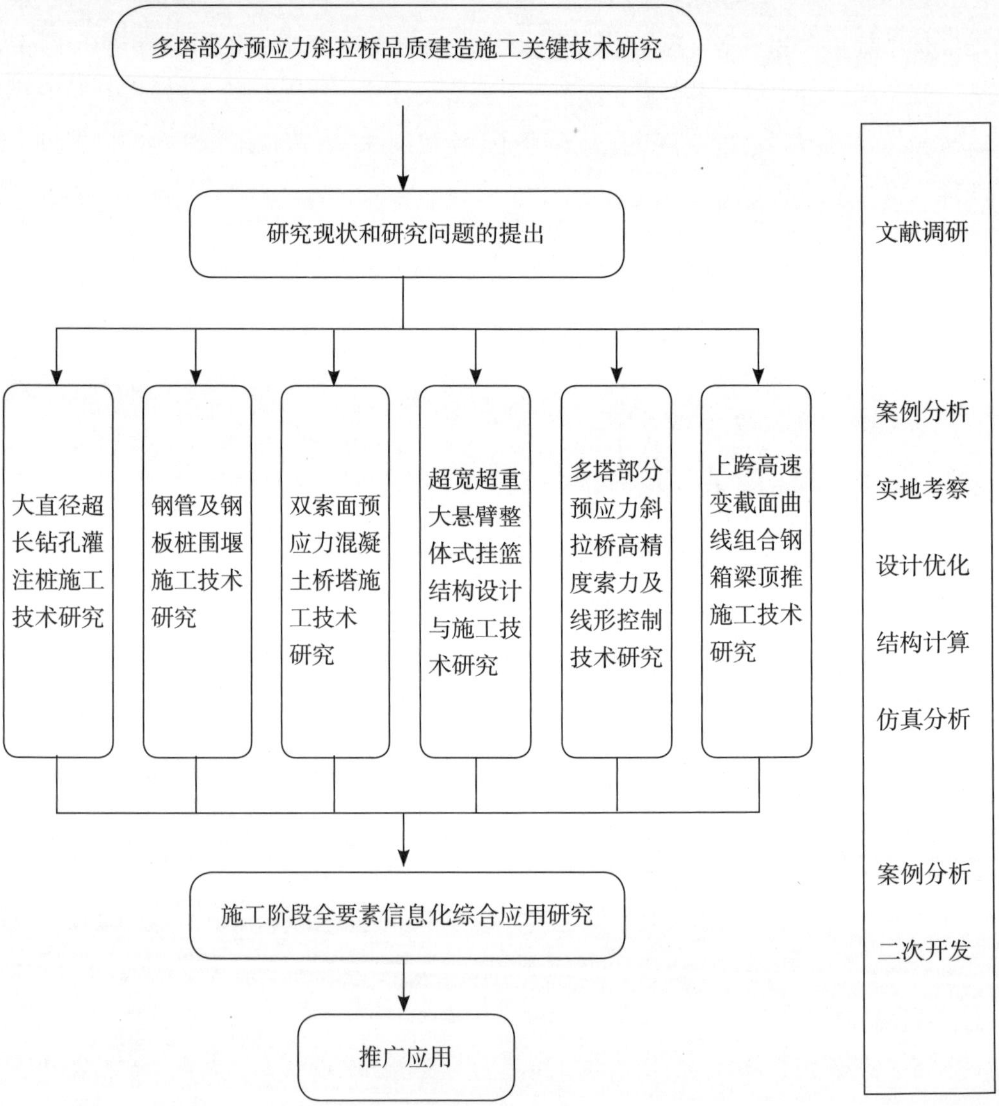

图 2.3　技术路径

第三章　大直径超长钻孔灌注桩施工技术研究

3.1　超长桩基拉压锚法试桩试验

3.1.1　试验概述

项目依托工程为 G106 淮阳至项城段改建工程项目，路线全长 15.825 km。新建特大桥 1 座、互通式立交 1 座、另设置中桥 4 座、小桥 3 座。其中桥梁桩基工程量为 662 根，均按摩擦桩设计，采用钻孔灌注桩工艺施工。

国内单桩竖向静载试验加载方法多为堆载法、锚桩横梁法等，超长基桩超大吨位的单桩竖向静载试验，传统加载方法已不能满足试验要求。

传统的静载试验堆载法和锚桩法存在的主要问题是：前者必须解决几百吨甚至上千吨的荷载堆放及运输问题；后者必须设置多根锚桩及反力大梁，所需费用昂贵，持续时间较长，还有一定的危险性。堆载法一般适用于加载极限小于 10000 kN 的情况，锚桩法一般适用于加载极限小于 20000 kN 的情况。且单桩承载力越高，试桩的困难程度越大，以致许多大吨位桩的承载力得不到准确数据，基桩的潜力不能合理发挥。

图 3.1　沙颍河特大桥 8# 墩静载试验

拉压锚法将传统加载装置中受弯结构转换为受拉受压结构，使得反力加载装置结构变得简单：试验荷载大，解决了超大吨位单桩静载试验的加载难题；要求场地条件低，工期快，适用范围广；还可利用工程桩做试验锚桩，大大节省造价，且不受试验锚桩间距等因素的限制。

3.1.2 试验原理

该方法主要由基桩（试桩及锚桩）、试桩接桩立柱以及上部加载装置 3 部分组成，将传统的堆载或锚桩加载装置中受弯构件转换为拉压构件，利用工程桩作锚桩，试验加载方式采用拉压锚法加载装置，通过加载装置中的油压千斤顶对加载反力系统施加荷载，加载方法为慢速维持荷载法。

利用单桩竖向静载试验仪自动收集桩基的沉降变形，可得到试验桩桩顶的 Q–s 曲线。由安装在桩身钢筋上的钢筋计测定不同加载等级下的桩身轴力，根据桩身轴力计算桩侧摩阻力，以及桩端的残余变形等参数。从而能对桩－土体系的荷载传递机理做比较全面的分析。

图 3.2 试桩试验

3.1.3 试验流程

拉压锚法试桩试验的施工工艺流程见图 3.3。

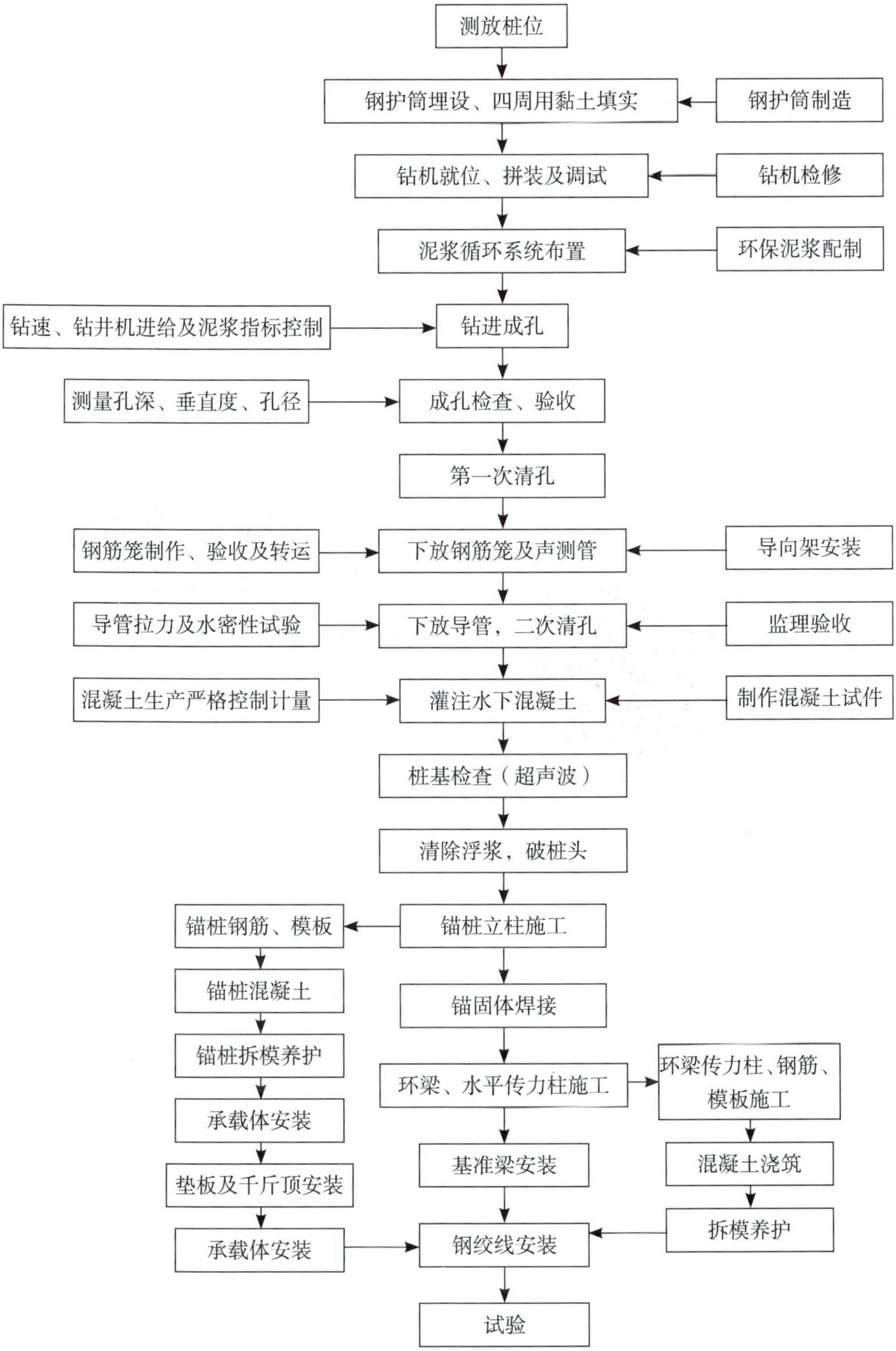
测放桩位
钢护筒埋设、四周用黏土填实
钢护筒制造
钻机就位、拼装及调试
钻机检修
泥浆循环系统布置
环保泥浆配制
钻速、钻井机进给及泥浆指标控制
钻进成孔
测量孔深、垂直度、孔径
成孔检查、验收
第一次清孔
钢筋笼制作、验收及转运
下放钢筋笼及声测管
导向架安装
导管拉力及水密性试验
下放导管，二次清孔
监理验收
混凝土生产严格控制计量
灌注水下混凝土
制作混凝土试件
桩基检查（超声波）
清除浮浆，破桩头
锚桩钢筋、模板
锚桩立柱施工
锚桩混凝土
锚固体焊接
锚桩拆模养护
环梁、水平传力柱施工
环梁传力柱、钢筋、模板施工
承载体安装
基准梁安装
混凝土浇筑
垫板及千斤顶安装
拆模养护
承载体安装
钢绞线安装
试验

图 3.3　施工工艺流程图

3.1.4 操作要点

3.1.4.1 准备阶段

1. 清除浮浆，破桩头及试桩立柱施工

试桩接桩立柱前及锚安装锚固体前，清除桩顶浮浆浮渣，直至露出新鲜混凝土面。由测量队对试桩桩顶中心进行放样，试桩接桩立柱中心与试桩中心位置允许偏差 50 mm，倾斜度允许偏差 0.1%。

2. 锚固体安装

锚固体安装前对锚桩桩头主筋进行调直，确保锚固体能顺利放入桩顶。采用水准仪对锚固体顶面进行调平，确保所有锚固体在同一水平面上，锚固体调平后应立即采用二氧化碳保护焊对桩顶主筋与锚固体进行焊接。钢筋两侧均进行焊接，焊接长度不得小于 700 mm。

图 3.4　钢绞线穿过锚固体

锚固体安装前，将切好的钢绞线一端锚固，穿过锚固体内部钢板后固定。待水平传力柱浇筑完成后，另一端采用钢绞线连接器进行连接。钢绞线穿过承载体后连接试桩立柱两侧锚固体外露钢绞线，形成一个整体。

3. 环梁与水平传力柱施工

环梁与水平传力柱均采用 C40 混凝土浇筑，水平传力柱钢筋锚入环梁内的长度为 500 mm；环梁与试桩预留 200 mm 间隙，严禁接触试桩；混凝土浇筑时加强对锚固体内穿入钢绞线位置进行振捣，确保混凝土密实。

4. 基准梁铺设

竖向静载试验过程中，试验桩桩顶沉降量和锚桩上拔量的量测采用电子位移传感器，电子位移传感器通过磁性表座固定到基准梁上，基准梁采用 63 a 工字钢，具有较大水平和竖向刚度，一端固定在钢管基础上，另一端简支于钢管基础上。基准桩中心与锚桩中心距离不小于 4 锚桩设计直径，且大于 2.0 m，基准桩采用现浇混凝土基础。

5. 上部加载装置安装

上部加载装置钢构件采用钢结构加工厂代加工，施焊严格按照图纸及规范要求进行。

焊接前应对接头坡口、焊缝间隙和焊接板面高低差等进行检查。

油压千斤顶合力中心与试桩中心位置允许偏差 50 mm；承载体中心与油压千斤顶合力中心位置允许偏差 50 mm。

预埋钢绞线角度允许偏差 1°，预埋钢绞线保证一定张紧度。

3.1.4.2　实施阶段

1. 油泵调试

荷载采用并联于千斤顶油路的油压传感器测定油压，根据千斤顶率定曲线换算荷载，荷载在桩基静载测试仪上换算。传感器的测量误差不大于 1%，压力表精度优于或等于 0.4 级，试验用压力表、油泵、油管在最大加载时的压力不超过规定工作压力的 80%。

图 3.5　油泵调试

图 3.6　基准梁位移传感器安装校准

2. 沉降量量测

试桩桩顶沉降量和锚桩上拔量的量测采用电子位移传感器，电子位移传感器通过磁性表座固定到基准梁上。桩顶沉降量的观测平面设置在桩顶以下 200 mm 的位置。在试桩桩身，以试桩中心为基点，对称设置 4 个沉降观测点，在此 4 个沉降观测点处安置 4 个电子位移传感器，从而测量试桩的桩顶沉降量。

3. 锚桩上拔量观测

锚桩上拔量观测平面直接布置在桩顶，观测平面光滑平整，在此观测平面安置 1 个电子位移传感器，电子位移传感器通过中继器连接到桩基静载测试仪，自动记录桩顶沉降量和锚桩上拔量。电子位移传感器的测量误差不大于 0.1%FS，分辨力小于或等于 0.01 mm。

4. 加载分级、稳定标准和卸载条件

加载采用慢速维持单循环法一次逐级加载，至最大加载量后分级卸载。8# 桥墩单桩竖向静载试验试桩 8–S#，最大加载量为 40000 kN，按 10 级 10 次加载，分级荷载 4000 kN，即每级加载 4000 kN。加卸载时，应使荷载传递均匀、连续、无冲击，且每级荷载在维持过程中的变化幅度不得超过分级荷载的 10%。每级荷载施加后，应分别按第 5 min、15 min、30 min、45 min、60 min 测读桩顶沉降量，以后每隔 30 min 测读一次桩顶沉降量。

试桩沉降相对稳定标准：每 1 h 内的桩顶沉降量不得超过 0.1 mm，并连续出现 2 次，从分级荷载施加后的第 30 min 开始，按 1.5 h 连续 3 次每 30 min 的沉降观测值计算。当桩顶沉降速率达到相对稳定标准时，可施加下一级荷载。

条件满足表 3.1 所述内容之一，即可终止加载。

表 3.1 终止条件

序号	终止条件
（1）	总位移量大于或等于 40 mm，本级荷载的下沉量大于或等于前一级荷载的下沉量的 5 倍时，加载即可终止。取此终止时荷载小一级的荷载为极限荷载
（2）	总位移量大于或等于 40 mm，本级荷载加载 24 h 未达稳定，加载即可终止。取此终止时荷载小一级的荷载为极限荷载
（3）	巨粒土、密实砂类土以及坚硬的黏质土中，总下沉量小于 40 mm，但荷载已大于或等于设计荷载 × 设计规定的安全系数，加载即可终止。取此时的荷载为极限荷载
（4）	施工过程中的检验性试验，一般加载应继续到桩的 2 倍设计荷载为止。如果桩的总沉降量不超过 40 mm，且最后一级加载引起的沉降不超过前一级加载引起的沉降的 5 倍，则该桩可以予以检验
（5）	当工程桩作锚桩时，锚桩上拔量已达到允许值 10 mm
（6）	当荷载 - 沉降曲线呈缓变形时，可加载至桩顶总沉降量 60 ～ 80 mm；在特殊情况下，可根据具体要求加载至桩顶累计沉降量超过 80 mm

每级卸载量为分级荷载的 2 倍，且应逐级等量卸载。卸载时，每级荷载应维持 1 h，分别按 15 min、30 min、60 min 测读桩顶沉降量，即可卸下一级荷载；卸载至零后，应测读桩顶残余沉降量，维持时间不得小于 3 h，测读时间分别为第 15 min、30 min，以后每隔 30 min 测读一次桩顶残余沉降量。

本次单桩竖向静载试验中锚桩将作为工程桩继续使用，其桩 - 土体系的承载力特征等因素不得破坏，因此本次静载试验将对锚桩桩顶上拔量进行量测，并将锚桩累积上拔量控制在 10 mm 以内，静载试验前应验算锚桩抗拔承载力，验算锚桩的上拔量，采取有效措施控制锚桩的上拔量在 10 mm 内。本次单桩竖向静载试验中，当锚桩累积上拔量超过 10 mm 时，停止试验并卸载。

加载卸载过程中，由仪器设备自动记录试桩桩顶沉降变形量、锚桩桩顶上拔量以及桩身轴力计的读数。试验完成后及时对数据进行整理、存储，以便试桩试验结果的整理。试验卸载完毕后，有条理地拆除仪器设备，并妥善安置保存。

3.1.5 数据分析

从 S2 试桩（8–S）静载试验结果曲线图和桩身轴力图可以看出，S2 试桩主要表现为摩擦桩性状。

第一，S2 试桩（8–S）在最大加载量 28000 kN 时，桩顶最大沉降量为 10.97 mm。

第二，S2 试桩（8–S）的 Q–s 曲线呈缓变形，没有出现陡降段。由于桩顶沉降量较小，取最大加载量为单桩竖向极限承载力标准值，即 28000 kN；考虑安全系数 $K=2$，单桩竖向承载力特征值为 14000 kN。

第三，单桩竖向承载力特征值为 14000 kN 时，桩顶沉降为 2.64 mm。

表 3.2　S2 试桩（8–S）静载试验结果汇总表

序号	荷载 /kN	历时 /min		桩顶沉降 /mm	
		本级	累计	本级	累计
0	0	0	0	0	0
1	4000	150	150	0.5	0.5
2	8000	120	270	0.71	1.21
3	12000	120	390	0.92	2.13
4	16000	120	510	1.02	3.15
5	20000	150	660	1.34	4.49
6	24000	180	840	1.97	6.46
7	28000	270	1110	4.15	10.61
最大沉降量：10.61					

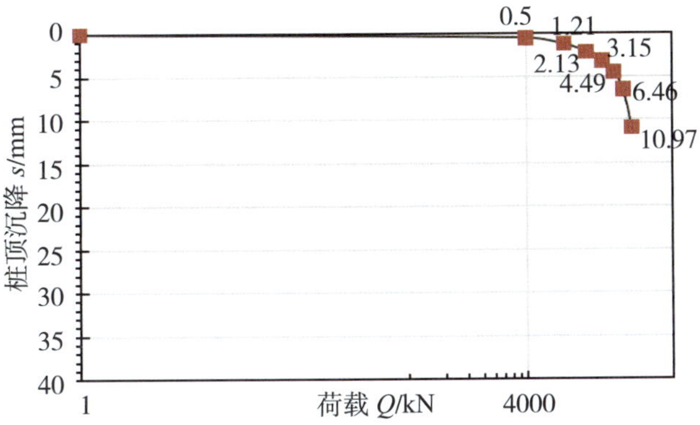

图 3.7　桩顶 s–lg$Q$ 曲线图

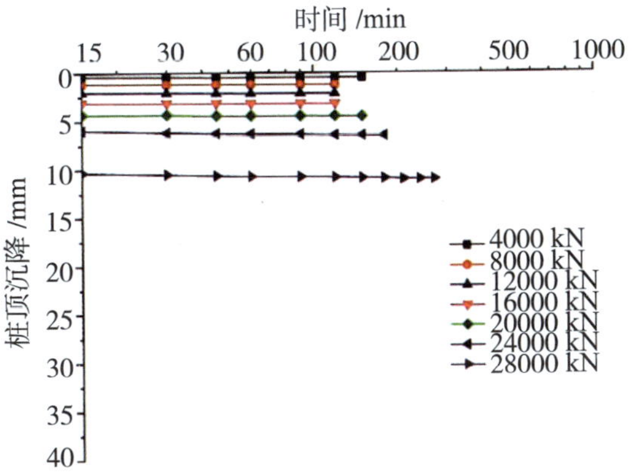

图 3.8　桩顶 s–lg$t$ 曲线图

第四，侧摩阻力发挥规律：在桩顶荷载水平相对较低时，桩顶荷载将主要由桩身上部的桩侧摩阻力来承担，中下部的桩侧摩阻力发挥得相对较小。随着荷载的增加，桩身上部的桩侧摩阻力得以发挥，而桩身中下部的桩侧摩阻力开始参与承担荷载。当荷载达到一定值时，桩身上部摩阻力在加载的后半程基本不再增加，而桩身中下部的桩侧摩阻力基本发挥出其极限承载力。

第五，在最大加载量 28000 kN 时，桩顶荷载完全由桩侧摩阻力来承担，桩端阻力为 0，试桩显示出了纯摩擦桩的工程特性。

第六，本次单桩竖向静载试验测得的桩侧摩阻力与勘察推荐值存在一定差异，且整体呈现增大的趋势，说明勘察报告中推荐的桩侧摩阻力参数用于桩基计算可以保证桩基础的安全性。

表 3.3　桩身轴力分布表

标高 /m	桩顶高	桩身轴力 /kN						
		4000	8000	12000	16000	20000	24000	28000
37.29	0.0	3998.1	8164.6	12160.9	15980.7	19760.3	24118.7	28149.6
25.23	12.1	2315.7	5055.6	8371.1	11931.4	15548.8	19783.7	23873.5
13.83	23.5	1413.3	3204.0	5392.9	7747.7	10946.8	14675.8	19011.0
2.03	35.3	639.1	1682.2	3233.2	4821.1	6976.5	9214.3	13689.4
10.87	48.2	186.3	462.1	909.5	1561.1	2811.2	3560.1	7252.0
17.37	54.7	0.0	105.3	195.6	338.6	959.7	1183.3	4292.1
25.27	62.6	0.0	0.0	62.6	101.7	164.5	115.9	2306.0
38.37	75.7	0.0	0.0	0.0	36.2	55.2	91.4	302.4
43.87	81.2	0.0	0.0	0.0	0.0	0.0	48.8	170.9
51.37	88.7	0.0	0.0	0.0	0.0	0.0	0.0	39.9
53.70	91.0	0.0	0.0	0.0	0.0	0.0	0.0	0.0

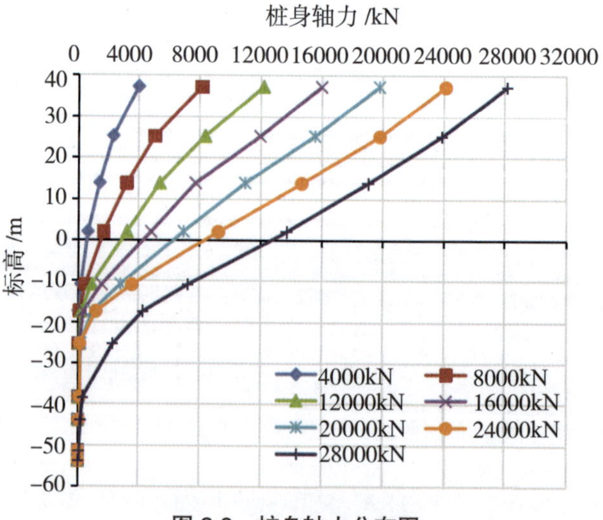

图 3.9　桩身轴力分布图

表 3.4　桩侧摩阻力分布表

标高 /m	土层	桩侧摩阻力 /kPa						
		4000kN	8000kN	12000kN	16000kN	20000kN	24000kN	28000kN
37.299~25.230	1 粉质黏土	20.2	37.3	45.4	48.5	50.5	52	51.3
25.230~13.830	2 细砂 1 细砂	11.5	23.5	37.8	53.1	58.4	64.8	61.7
13.830~2.030	4 粉质黏土 4–1 粉土 4 粉质黏土	9.5	18.7	26.5	35.9	48.7	67	65.3
2.030~10.870	4–1 粉土 4 粉质黏土 4–1 粉土 4–2 细砂 4 粉质黏土	5.1	13.7	26.1	36.6	46.7	63.4	72.2
–10.87~17.37	6–2 粉砂 6–1 粉土	4.1	7.9	15.9	27.2	41.2	52.9	65.9
–25.27~38.37	6 粉质黏土	0	1.9	2.4	4.3	14.6	19.5	36.4
–25.27~38.37	6 粉质黏土 6 粉质黏土 6–1 粉土	0	0	0.7	0.7	1.2	0.3	22.1
–38.37~43.87	6–2 细砂	0	0	0	1	1.5	1.1	3.5
–43.87~51.37	6 粉质黏土	0	0	0	0	0	0.9	2.5
–51.37~53.701	6–2 细砂	0	0	0	0	0	0	2.5

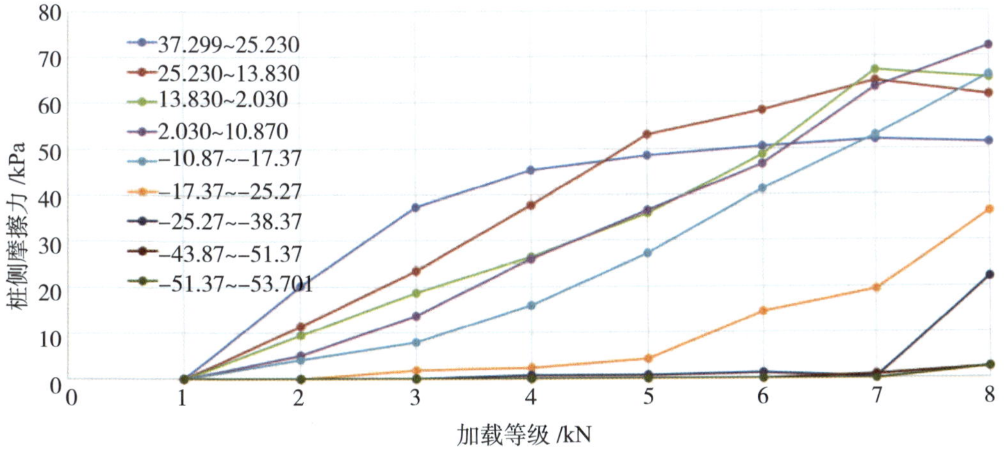

图 3.10　S2 试桩（8–S）各土层桩侧摩阻力随荷载变化图

通过单桩竖向静载试验分析报告，对沙颍河特大桥桩长优化共 1946 m，节约 C30 水下混凝土约 4452.5 m^2。对以后类似工程桩基优化具有一定的参考意义。

3.2 超长桩基水中施工关键技术

3.2.1 施工条件

根据钻探揭露和已有邻近工程地质资料表明，地下水类型属于孔隙潜水，主要含水层为粉土、粉砂和细砂，各含水层地下水联系密切，场地地下水与沙颍河河水水力联系密切。地下水主要受大气降水和沙颍河河水补给，以侧向径流方式排泄，少量以蒸发方式排泄。

勘查期间，场地地下水埋深为 4.3 ~ 7.3 m，整体上地下水水位呈北高南低的趋势。根据区域水文地质资料和场地地下水稳定水位埋深情况分析，预计该场地范围内受河水补给、大气降水和农业灌溉的影响全年地下水随季节变化幅度一般为 1.0 ~ 3.0 m。

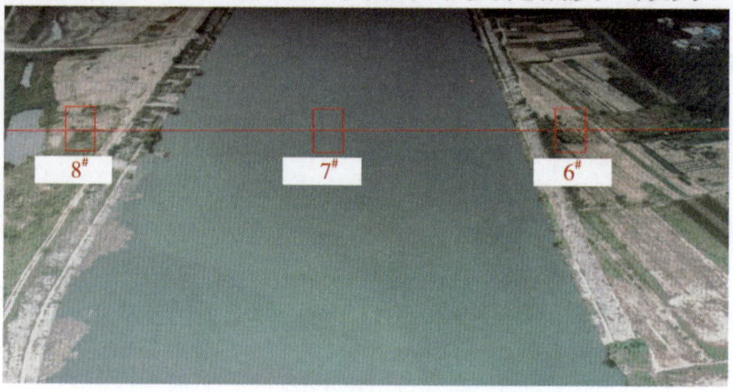

图 3.11　大桥主桥 7# 墩位置示意图

3.2.2 施工工艺

3.2.2.1 总体施工方法

沙颍河宽约 270 m，经过实际测量放样 7# 墩柱，桩基位于河道中央，距离南岸堤岸约 120 m，桩基采用气举反循环钻机施工。钢筋笼由钢筋加工厂集中制作，再运至现场孔口附近，接头采用直螺纹套筒连接，然后用龙门吊吊装安放。混凝土为商混凝土，灌注方法为水下自密灌注法。

为解决 7# 墩位置结构施工，在设计桥位下游侧搭建主栈桥，同时在紧邻拟建 7# 墩承台位置两侧搭设支栈桥，两支栈桥中间搭设水中施工平台，进行水中灌注桩施工。施工钻孔灌注桩时，利用钢平台安装护筒导向架，以控制钢护筒的平面位置及垂直度，到下部结构结束后方可拆除便桥及平台。

3.2.2.2 施工工艺比选

根据地质资料和设计桩长等因素，钻孔灌注桩施工采用气举反循环的成孔工艺。气举反循环的作用原理是采用双壁管或钻杆侧壁上安装的风管。将压缩空气从供气管路送入孔内气—水混合室，使钻杆内的冲洗液成为充气状态，在内外管环隙和内管形成液柱压差。高速气流与充气气泡群从孔内上升，产生动能，动能与压差产生气举反循环，排出土屑、土粉。

表 3.5　方案比选表

钻机类型		适应地层	泥浆情况	充盈系数	进尺速度	单延米价格	进出场费	施工环境
冲击钻机		填土层、黏土层、密实砂层、圆砾角砾夹层、岩石层	比重应大于1.3，可随时排放，一般为成孔体积的2～3倍	1.1～1.3	砂土层2～5m/h，卵砾石层0.5～1m/h，岩层0.2～0.4m/h	砂土层100～150元/m，卵砾石层150～200元/m，岩层200～300元/m	体积较小，运费较低	现场泥浆污染严重、噪声振动大、劳动强度高
回转钻机	正循环	填土层、素土层、黏土层、砂土层	比重应小于1.25，泥浆用量较多，一般为成孔体积的3倍	1.1～1.25	砂土层1.5～2.5m/h，卵砾石层0.4～0.7m/h，软岩0.3～0.5m/h，岩石层0.3 ~ 0.5m/h	砂土层120～160元/m，卵砾石层160～240元/m，软岩240～350元/m，岩石层350～450元/m	体积较中，运费较低	现场泥浆污染重、噪声振动小、劳动强度较大
	反循环	砂层、卵石层、砂卵石夹层、岩石层	比重应小于1.1，泥浆用量大，一般为成孔体积的4倍	1.1～1.25	砂层2～4m/h，布砾石层0.7～1.1m/h，软岩0.3～0.5m/h，岩石层0.3 ~ 0.5m/h	砂土层120～160元/m，卵砾石层160～240元/m，软岩240～350元/m，岩石层350～400元/m	体积较中，运费较低	现场泥浆污染重、噪声振动小、劳动强度较大
冲击反循环钻机		砾石层、砂砾夹层、卵砾夹层、中微风化岩、坚硬岩	比重为1.2 ~ 1.5，随时排放，一般为成孔体积的2 ~ 3倍	1.1～1.25	砾石层1～2m/h，卵砾夹层0.6～1m/h，软岩0.3～0.5m/h，中微风化者1.2 ~ 2m/h	砾石层120～170元/m，卵砾夹层170～220元/m，软岩220～300元/m，中微风化岩300～350元/m	体积较大，运费较高	现场泥浆污染较重、噪声振动大、劳动强度较大
旋挖钻机		各类填土、黏土、粉土、密实砂层、砾石层、砂砾夹层、卵砾夹层、强风化较软岩	可采用干作业或少量泥浆护壁	1.05～1.15	各类填土、黏土、粉土、密实砂层7～15m/h，砾石层、砂砾夹层和卵砾夹层4～10m/h，强风化较软岩2～5m/h	各类填土、黏土、粉土、密实砂层160～200元/m，砾石层、砂砾夹层和卵砾夹层200～350元/m，强风化较软岩350～450元/m	体积大，运费高	现场污染小、噪声振动小、劳动强度低
潜水钻机		黏性土、粉土、淤泥质土、砂土、砂砾夹层、软质岩层	比重为1.05～1.25，一般为成孔体积的1.5倍	1.1～1.2	黏性土、粉土、淤泥质土5～15m/h，砂土、砂砾夹层3～8m/h，软质岩层0.5～1.5m/h	黏性土、粉土、淤泥质土80～130元/m，砂土、砂砾夹层130～180元/m，软岩180～260元/m	体积小，运费低	泥浆污染较小、噪声振动小、劳动强度低

钻孔前的准备工作主要包括施工平台布设、布置供电及供水系统、桩位放样、钢护筒制作和插打、插打护筒、泥浆的制备和准备钻孔机具等。钻孔灌注桩成孔施工工艺见图 3.12。

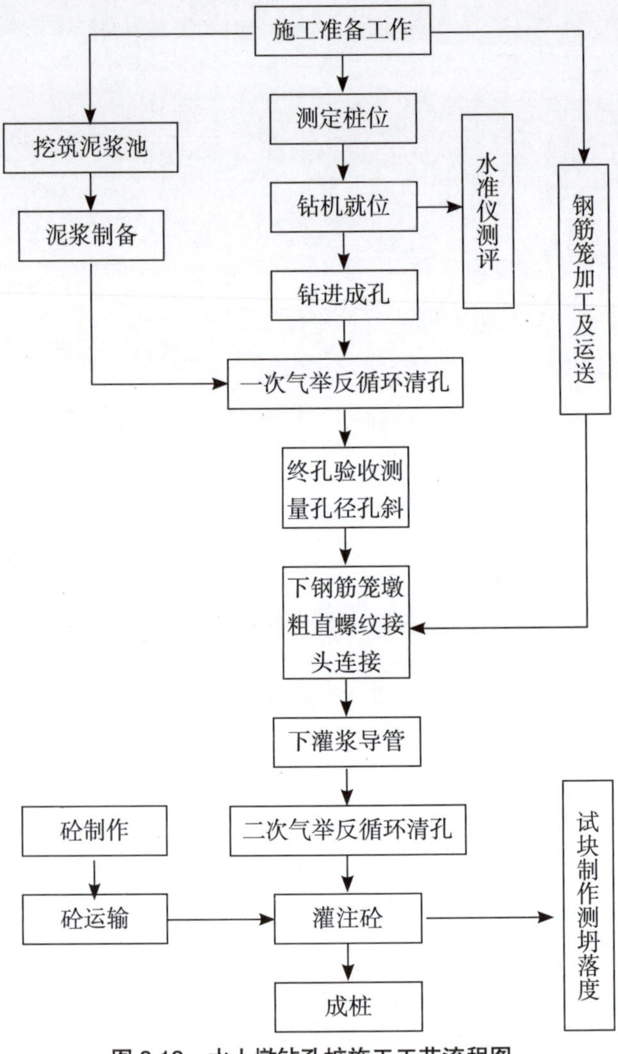

图 3.12　水上墩钻孔桩施工工艺流程图

3.2.3　施工要点

3.2.3.1　钢栈桥及施工平台施工

主栈桥中心线与沙颍河特大桥主线平行，栈桥布置在主线下游，栈桥中心线距沙颍河特大桥中心线间距 24.78 m，两桥边距 5 m。

结构布置形式为:3 根 / 排 φ630 × 10 mm 钢管桩 + 槽 20 a 型钢平联及斜撑 + 双拼 I40 a 主横梁 + 单层双排 3 组 6 片 321 型贝雷梁 +I22 a 型钢纵向分配梁 +120 mm 厚定制型钢

组合桥面板 + 栏杆救生圈等附属结构。

支栈桥结构布置形式为：3 根 / 排 φ630 × 10 mm 钢管桩 + 槽 20 a 型钢平联及斜撑 + 双拼 I40 a 主横梁 +321 型贝雷梁 +I22 a 型钢纵向分配梁 +120 mm 厚定制型钢组合桥面板 + 栏杆救生圈等附属结构。

施工平台结构布置形式为：φ710 × 10 mm 钢管桩 + 槽 20 a 型钢平联及斜撑 + 双拼 I40 a 主横梁 +321 型贝雷梁 +I22 a 型钢纵向分配梁 + 槽 32 a 倒扣桥面板 + 栏杆救生圈等附属结构。

施工详见钢栈桥及施工平台专项施工方案。

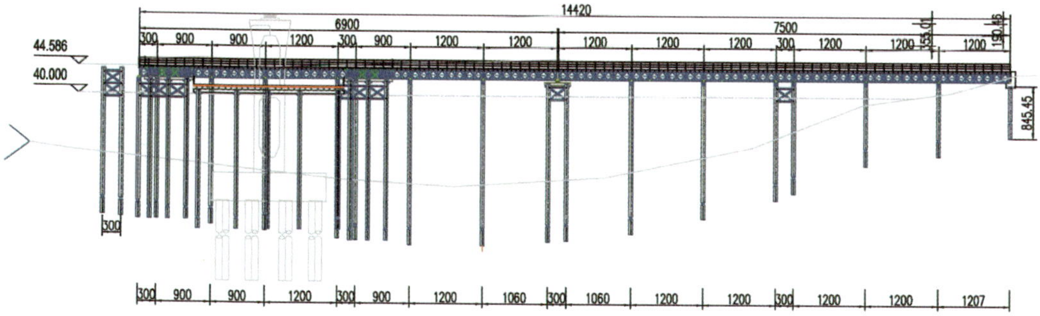

图 3.13　钢栈桥及施工平台立面图

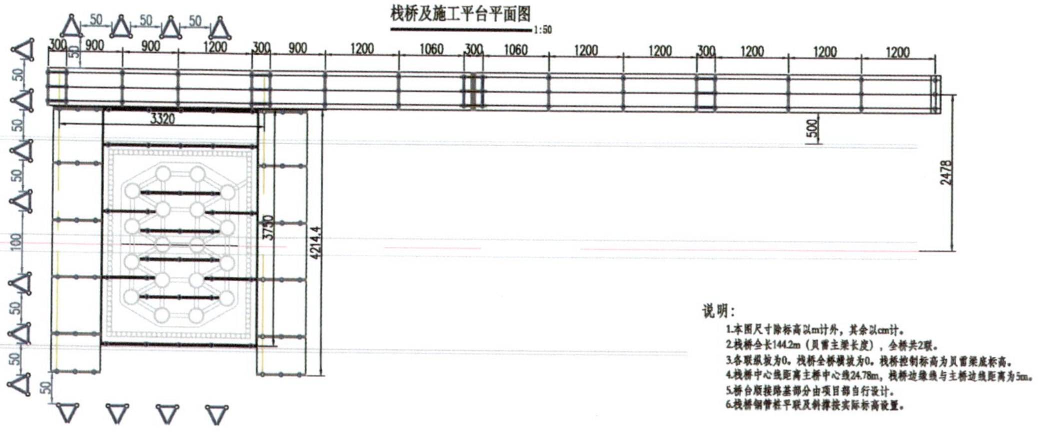

图 3.14　钢栈桥及施工平台平面图

3.2.3.2　钻孔顺序安排

根据总体计划进度安排和钻孔平台空间等因素，为方便施工将主墩桩基划分为 5 个施工区域，外围 12 根桩基每相邻 3 根放置一台钻机，4 台钻机同时开始桩基施工，完成三轮后，开始进行内部 6 根桩基的区域施工，内部 6 根桩基施工放置 3 台钻机，两轮后完成 7# 墩全部桩基施工。区域内的数字表示钻孔的先后顺序。各墩桩基钻孔施工顺序详见图 3.15 所示。

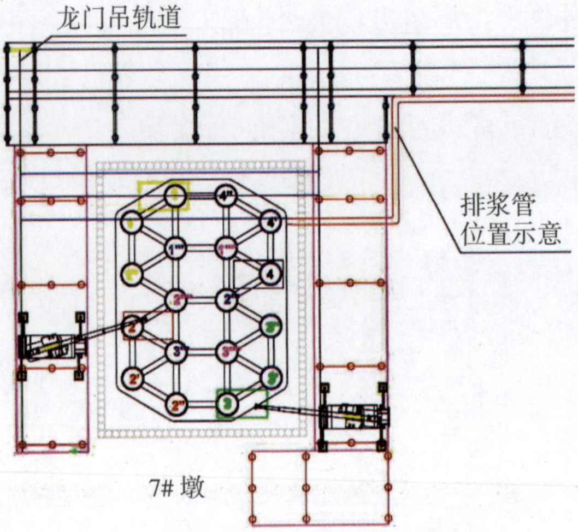

图 3.15　大桥主桥 7# 主墩桩基钻孔顺序图

3.2.3.3　桩孔检查

钻孔灌注桩在成孔过程中及终孔后以及灌注混凝土前，均需对钻孔进行阶段性的成孔质量检查。

桩孔质量参数包括：孔深、孔径、钻孔垂直度等。

第一，孔深及孔底沉渣。钻孔前先用水准仪确定护筒标高，并以此作为基点，按设计要求的孔底标高确定孔深，以测绳确定孔深。孔深和孔底沉渣采用标准锤检测。测锤一般采用锥形锤，锤底直径 13 ~ 15 cm，高 20 ~ 22 cm，质量 4 ~ 6 kg，测绳必须经检校过的钢尺进行校核。

第二，垂直度。经纬仪观测钻杆垂直度，在两个方向放置锤球实施标定观测检查垂直度，偏差应小于 0.5%。成孔后采用井径检测仪检测成孔垂直度，成孔检测 100% 检查。

第三，孔径检测。孔径检测是在桩基成孔后，下放钢筋笼前进行的，是根据桩径制作笼式检孔器入孔检测，其外径等于钢筋笼直径加 100 mm，但不得大于钻孔的设计孔径，长度等于 4 ~ 6 倍孔径。检测时将探孔器吊起，孔的中心与起吊钢绳保持一致，慢慢放入孔内，上下通畅无阻表明孔径符合要求。

表 3.6　钻进成孔质量标准表 /mm

项目	允许偏差 /mm	检测方法
钻孔中心位置	顺纵轴方向＞ 30	全站仪
	垂直纵轴方向＞ 30	
垂直度	≤ 5‰	经纬仪
孔深	不小于设计值	测绳检测

3.2.3.4　桩基检测

表 3.7　灌注桩检测项目一览表

序号	主控项目	控制方式	执行人员	控制时机	备注
1	桩位及标高	全站仪、水准仪	测量员	钻孔前	
2	钢护筒检验	尺量	技术员、质检员	钢护筒埋设前、后	平面位置，埋置深度
3	泥浆性能指标	密度计、含砂率计、黏度计	试验员	钻孔过程中	泥浆比重、含砂率、黏度
4	钻孔控制	测锤	技术员	钻进全过程	孔径、竖直度
5	成孔检测	超声检测	技术员、质检员	成孔后	孔径、孔深、竖直度等
6	清孔检测	相对密度计、锤球法	技术员	清孔后、安放钢筋笼后	泥浆比重、沉淀厚度
7	钢筋笼安装	尺量、拉线	工班长、技术员	安装前、后	骨架底面、顶面高程、竖直度、中心偏位
8	原材料检查	抽样试验	试验员	材料使用前	钢筋、水泥、中砂、碎石、外加剂等常规试验
9	导管检查	水密性试验	技术员	下导管前、灌注前	导管密闭性、导管距孔底距离
10	混凝土检查	坍落度筒、查看拌站计量系统	试验员	拌制、灌注过程中	配合比、坍落度、工作性
11	混凝土灌注控制	计算、量测	技术员	灌注过程中	控制首批混凝土灌注量、导管埋置深度、保持混凝土灌注连续性
12	桩顶标高	探锤量测、计算	技术员	灌注将要结束时	
13	成桩检查	抗压试验、超声波探测	试验员	达到规定龄期时	超声波探测采用外围试验

桩基混凝土强度达到要求后，即可进行超声检测。

根据《建筑基桩检测技术规范》(JGJ106—2014)，超声波检测前，要测量相应声测管外壁间净距离，将各声测管内注满清水，检查声测管畅通情况，换能器应能在全程范围内正常升降。发射与接收声波换能器应以相同标高或保持固定高差同步升降，测点间距不应大于 250 mm，收集测量资料进行组合，分别对所有检测剖面完成检测。在桩身质量可疑的测点周围，应采用加密测点或采用斜测、扇形扫测进行复测，进一步确定桩身缺陷的位置和范围。①混凝土质量的检查和验收，应按设计和规范规定的要求进行。②桩基施工完成后，应对桩身进行低应变动力检测，同一型号、同一用途的桩检抽检数不得少于该型号桩数的 20%，且不得小于 10 根，当根据上述方法判定的桩身缺陷可能影响桩的承载力时，应采用钻芯法补充检测，数量不宜少于总桩数的 2% 且不得少于 3 根。

3.3 桩基施工质量控制关键技术

3.3.1 目标确定

沙颍河特大桥桩基施工钢筋笼对中进行检查。共检查 65 根桩基，一次合格率 71%，其中存在问题并返工的 19 处。钢筋为主要的抗扭构件，关乎工程质量。

可能产生钢筋笼对中偏差的原因有以下几点：①混凝土灌注导致钢筋笼上浮倾斜；②钻孔垂直度不足；③中心定位偏差；④钢筋吊装偏差；⑤检验标记混淆；⑥开钻时中心偏离；⑦施工管理不到位。

表 3.8 问题产生因素统计分析表

问题	出现频率	影响大小	处理方法	耗时
混凝土灌注导致钢筋笼上浮倾斜	2	影响小	减缓灌注速度	0.5 h
钻孔垂直度不足	0	无	无	0
中心定位偏差	0	无	无	0
钢筋吊装偏差	7	影响大	拔出重装	5 h
检验标记混淆	10	影响大	重新测量	2 h
开钻时中心偏离	0	无	无	0
施工管理不到位	0	无	无	0
合计	19			

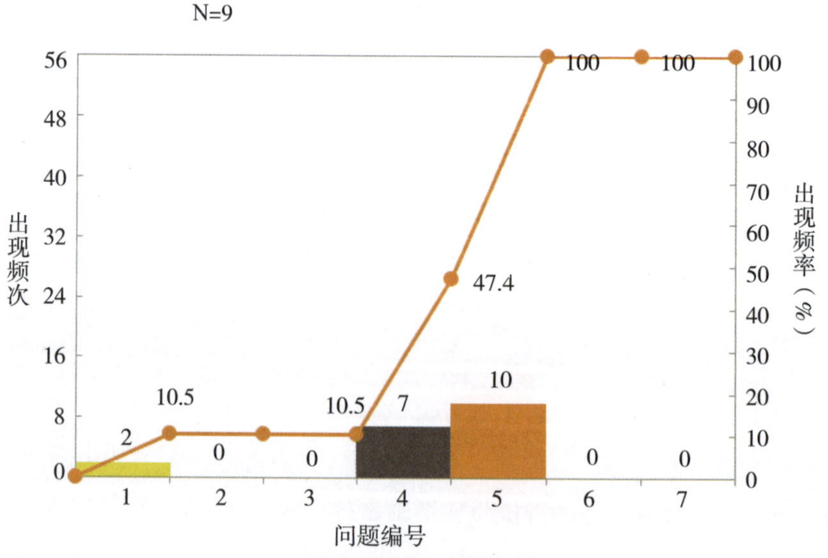

图 3.16 钢筋笼对中偏差帕累托图

由统计表和帕累托图可以看出“钢筋笼吊装倾斜”和“中心标记混淆”是影响钢筋笼对中合格率的主要原因，所以若想要解决“钢筋笼对中合格率”的问题需要解决“钢筋笼吊装”和“钢筋笼中心标记混淆”两个问题

由分布图可知“钢筋笼吊装倾斜”和“钢筋笼中心标记混淆”是影响钢筋笼对中合格率问题的主要因素，频数为17，需重点解决。

而解决上述问题后钢筋笼对中合格率可以达到：

$$\{65+[19-(7+10)]\}\div 65\approx 96.9\%$$

所以小组活动目标将桩基钢筋笼对中合格率提升至95%以上。

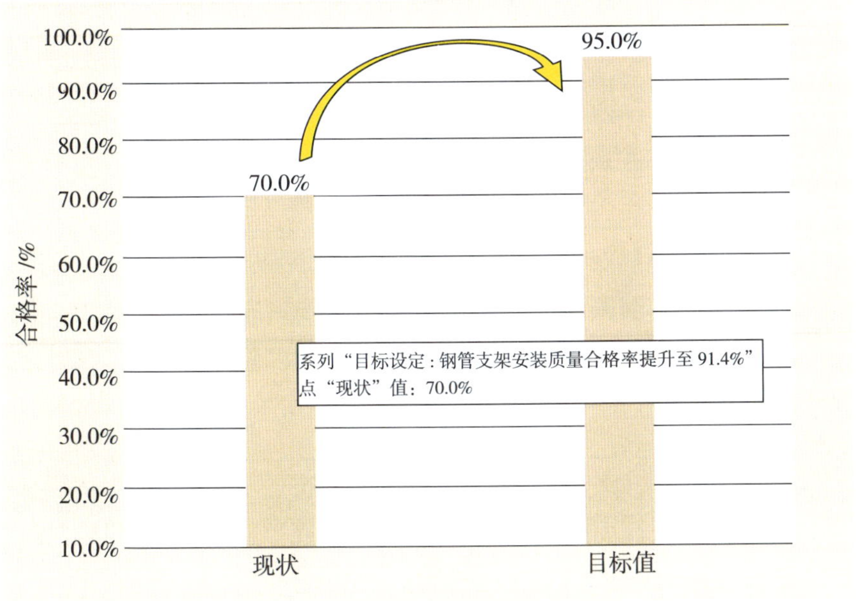

图3.17　QC活动目标图

3.3.2　原因分析

针对出现的问题，QC小组成员结合收集的资料及与现场工人的沟通，并通过会议的方式对“钢筋笼对中偏位”这个问题进行了分析和整理。找出了以下几点原因。

在吊装时，因为吊车上的钢丝绳与吊钩卡住导致钢筋笼本身下放过程中倾斜，在检查中吊具造成的钢筋笼起吊不垂直屡屡发生，所以钢筋笼起吊时造成钢筋笼倾斜是造成钢筋笼对中合格率不足的要因。

在检查过程中，检查人员和工人多次因为护筒上的十字线标记太多而导致分不清楚哪个是当前对应桩位的标记，需要通知测量队重新进行测量，工作重复进行。所以护筒上十字线混淆是导致钢筋笼对中偏差的要因。

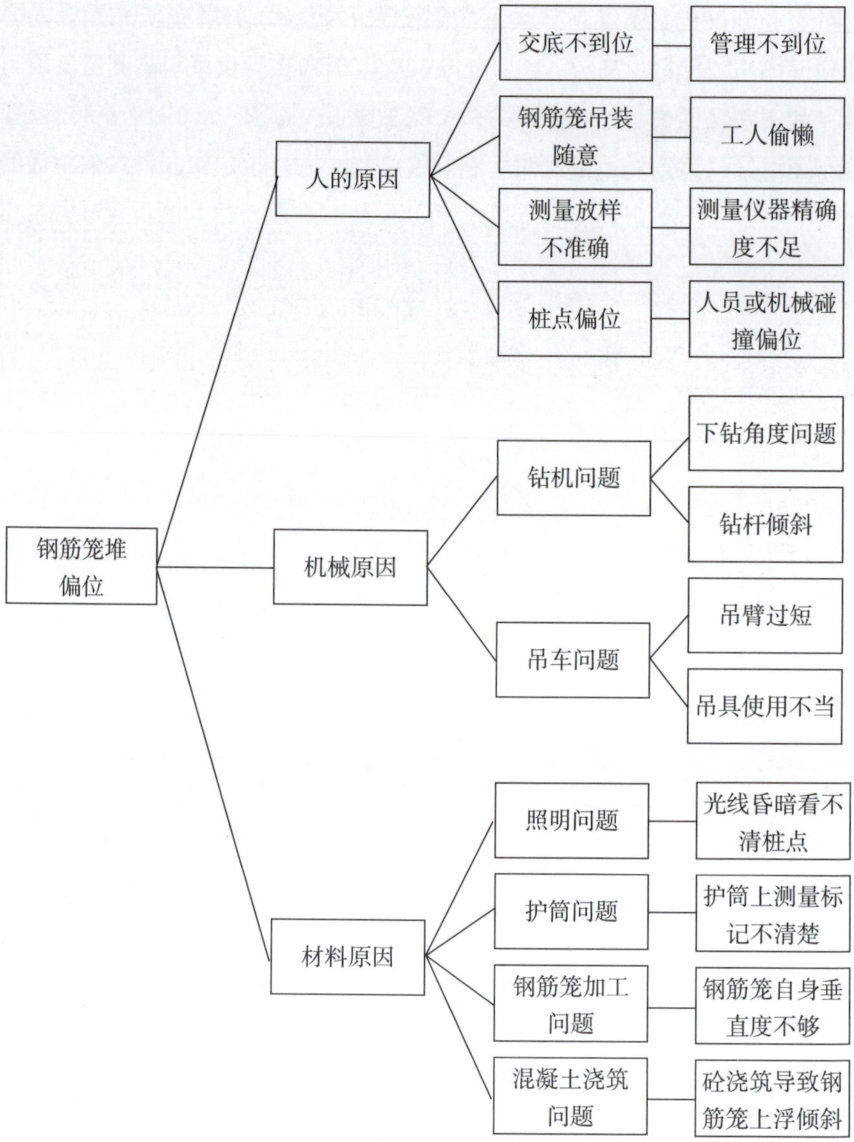

图 3.18 原因分析

表 3.9 要因确认

序号	末端因素	要因验证	是否要因
1	管理不到位	施工前进行交底，及时对员工进行考核，考核合格后上岗，施工时旁站监督	否
2	工人施工不积极、偷懒	旁站是否到位，是否有相应的管理制度，进行责任划分，及时进行考核检查奖惩	否
3	测量仪器精确度不足	检查仪器的定检期限，定期对仪器进行校正，确保桩点的准确性	否

表 3.9（续）

序号	末端因素	要因验证	是否要因
4	人员或机械碰撞桩点偏位	是否对已定位桩点进行保护，保护措施是否得当，施工前是否校验	否
5	钻机下钻角度倾斜	钻机落稳后是否检查钻机的水平仪，是否定期对钻机进行保养及维修	否
6	钻杆倾斜	是否定期对钻机进行保养及维修以确保钻杆垂直度，使用一段时间后是否重新校验	否
7	吊车司机不熟练	检查吊车司机的相应证件，保证钢筋笼安装过程中的垂直度	否
8	吊具使用不当	是否因吊具造成吊装时钢筋笼倾斜	是
9	光线昏暗看不清桩点	夜间施工照明设施是否到位，施工过程中照明设施使用正常	否
10	混凝土灌筑导致钢筋笼上浮倾斜	灌筑过程中吊筋是否上顶，出现问题后偏差值大小	否
11	不同测量标记混淆	测量标记是否清晰，多个标记是否分辨清楚	是

3.3.3　质量对策

结合现场实际情况及可操作性，小组成员首先对桩基位移偏位进行检测，确保桩基中心在合格范围内时，再根据桩基中心确定钢筋笼中心偏位符合规范要求。但此方法较为烦琐，在验证的 65 根桩基中桩基桩位合格率为 100%，所以本项目暂认为在桩基桩位合格前提下讨论“钢筋笼吊装偏差”及“复检标记混淆”问题的解决方法，提高钢筋笼对中一次合格率。

表 3.10　问题对策可行性讨论表

问题	方法	可行性
钢筋吊装偏差	吊装钢丝绳中心做标记	易磨损
	用两根同长钢丝绳绑住两头（类似吊筋）	可行
	吊装前盒尺测量	烦琐
复检标记混淆	护筒旁订木桩	易损坏
	用不同颜色的油漆标记	可行
	白灰点定位	不精确
	重新定位	烦琐
	护筒使用完后去除之前标记	烦琐

实施 1：针对钢筋笼吊装偏差实施方案。

将吊车吊具进行更换，将之前使用的单条钢丝绳变更为两条同长钢丝绳，各担住钢筋笼的一侧，保证钢筋笼的垂直吊装。钢筋吊装时现场管理人员和监理需旁站监督保证施工的正常进行。现场管理人员监督钢筋笼吊装时应记录钢筋笼吊装的情况，并在之后的会上进行陈述，保证今后不再出现类似的情况。

实施 2：针对复检标记混淆实施方案。

通过对各个方案的比选，将检验标记混淆的两个可行方案进行组合后，实施用不同颜色的油漆标记十字线位置，并在使用完油漆种类后清理。下护筒时，管理人员应记录使用的相应颜色的油漆，并在下完钢筋笼后使用相应颜色的标记进行十字线中心定位。测量完成后在相应表格中记录，并记录使用油漆的颜色。

表 3.11 针对钢筋笼中心偏位实施方案

问题	实施方案
钢筋笼吊装偏差	用两根同长钢丝绳绑住两头（类似吊筋）
检验标记混淆	用不同颜色的油漆标记并且在使用完油漆种类后及时清理

3.3.4 质量结果

通过 QC 小组实施的 PDCA 循环，在制定相应措施后，对沙颍河特大桥桩基钢筋笼一次对中合格率进行了检查并形成了统计表格。

表 3.12 措施实施前检查情况

序号	检查项目	检查数量	不合格次数
1	钢筋笼吊装偏差	65	7
2	检验标记混淆	65	10
合格率		71%	

表 3.13 措施实施后检查情况

序号	检查项目	检查数量	不合格次数
1	钢筋笼吊装偏差	49	1
2	检验标记混淆	49	0
合格率		98%	

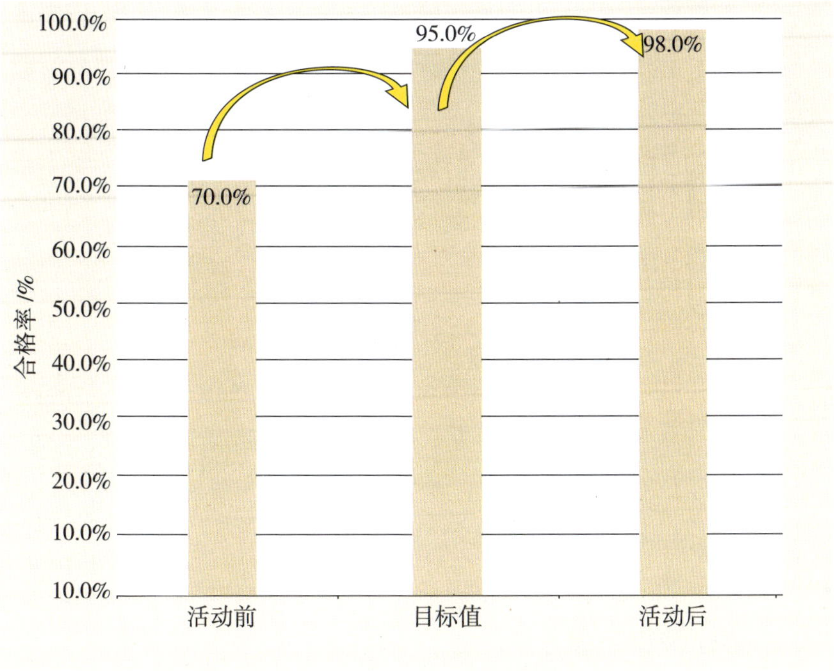

图 3.19 实施前后合格率对比图

3.4 研究小结

本章主要针对超长桩基水中施工的关键技术进行了探讨和总结。通过对相关技术的梳理和分析，得出以下结论：

第一，水下钻孔技术是超长桩基水中施工的关键技术之一，需要考虑钻孔设备的防水、防腐、防锈等特性，同时需要保证钻孔的垂直度和孔径精度。

第二，钢筋笼制作和吊装技术对超长桩基的质量和安全性具有重要影响，需要考虑钢筋笼的防锈、防腐等特性，同时需要保证钢筋笼的准确度和稳定性。

第三，混凝土灌注技术是超长桩基水中施工的关键技术之一，需要考虑混凝土的坍落度、流动性、均匀性等因素，同时需要保证混凝土的质量和强度。

第四，水下施工安全技术是超长桩基水中施工的关键技术之一，需要考虑施工人员的安全问题，如防水、防滑、防溺水等措施，同时需要保证施工设备的安全性和稳定性。

第五，水下施工管理技术是超长桩基水中施工的关键技术之一，需要建立完善的施工管理体系，包括施工计划、施工方案、施工过程监控等方面，以保证施工质量和安全性。

综上所述，超长桩基水中施工的关键技术涉及多个方面，需要综合考虑各种因素，建立完善的施工管理体系，以保证施工质量和安全性。未来的研究可以进一步探讨超长桩基水中施工的新技术和新方法，以提高施工效率和质量。

第四章　钢管及钢板桩围堰施工技术研究

4.1　桥墩围堰施工特性及技术难题分析

4.1.1　钢管围堰施工重难点分析

第一，主墩承台混凝土方量大，约 2022.8 m^2，连续浇筑时间长，需分层浇筑混凝土，保证承台混凝土每次连续浇筑是本工程的难点。

第二，主墩承台锁口钢管桩围堰体积大，重量大，保证钢管桩下吊施工及起吊机械安全作业是本工程控制的重点。

第三，7# 墩位于沙颍河主河槽，施工期水深 17 m，围堰内施工采用水下吸泥清淤的方式围堰开挖深度 20.823 m。如何保证钢管桩止水效果是本工程的难点。

第四，7# 墩钢管桩围堰采取水下浇筑封底混凝土施工工艺，如何保证水下混凝土浇筑质量是本工程的难点。

第五，本工程钢围模长度最长 28 m，应分多节预制下放，并在基坑内焊接成整体，如何保证等强焊接质量是本工程控制的重点。

4.1.2　钢板桩围堰施工中难点分析

第一，主墩承台混凝土方量较大，约 2022.8 m^3，连续浇筑时间长，需分层浇筑混凝土，保证承台混凝土每次连续浇筑是本工程的难点。

第二，本工程 6# 墩采取先进行边坡支护，同步进行基坑降水，然后进行放坡开挖，放坡最大高度 5.5 m，再在坡脚处进行钢板桩围堰围护，涉及施工工序较多，如何做好各工序组织衔接有序，保证基坑开挖的安全是本工程的重点。

第三，本工程钢围檩长度最长 30 m，应分多节预制下放，并在基坑内焊接成整体，如何保证等强焊接质量是本工程控制的重点。

表 4.1　7# 墩钢围堰设计选型表

结构形式	覆盖层	水位条件	钢材用量	构筑物情况	制造难度
钢板	适用于覆盖层较厚的浅水区域	适用于水深控制在 10m 以内的承台	较少	适用于低桩承台，外形有：矩形、圆形、圆端形。根据基坑开挖深度设置内支撑	制作简单，难度较小
钢管桩	适用于河床覆盖层含有大量漂石、砾石或存在水下障碍物，其他类型钢围堰下沉困难的承台	适用于水深宜控制在 15m 以内的承台	用钢量介于钢管桩与钢套箱、钢吊箱之间	适用于低桩承台，外形有：矩形、圆形、圆端形。根据基坑开挖深度设置内支撑	制作难度介于钢管桩围堰和钢套箱、钢吊箱围堰之间
钢吊箱	适用于河床存在较厚的软弱土层，或基础底面距离河床面较高	适用于水深较深的高桩承台	相比钢管桩围堰，用钢量较大	适用于深水高桩承台，外形有：矩形、圆形、圆端形。有双臂、单臂两种形式	制作复杂，难度相对较大
钢套箱	适用于覆盖层较薄或地基承载力较高，基础底标高位于河床内或略高于河床	适用于水深在 40m 以内的低桩承台	相比钢管桩围堰，用钢量较大	适用于水中低桩承台，外形有：矩形、圆形、圆端形。有双臂、单臂、单双臂组合式	制作复杂，难度相对较大

通过比选并结合本工程特点以及钢围堰设计计算成果，7# 墩承台施工选用锁扣钢管桩围堰进行施工。

表 4.2　6# 墩钢围堰设计选型表

结构形式	覆盖层	水位条件	钢材用量	构筑物情况	制造难度
钢板桩	适用于覆盖层较厚的浅水区域	适用于水深控制在 10m 以内的承台	较少	适用于低桩承台，外形有：矩形、圆形、圆端形。根据基坑开挖深度设置内支撑	制作简单，难度较小
钢管桩	适用于河床覆盖层含有大量漂石、砾石或存在水下障碍物，其他类型钢围堰下沉困难的承台	适用于水深宜控制在 15m 以内的承台	用钢量介于钢管桩与钢套箱、钢吊箱之间	适用于低桩承台，外形有：矩形、圆形、圆端形。根据基坑开挖深度设置内支撑	制作难度介于钢管桩围堰和钢套箱、钢吊箱围堰之间
钢吊箱	适用于河床存在较厚的软弱土层，或基础底面距离河床面较高	适用于水深较深的高桩承台	相比钢管桩围堰，用钢量较大	适用于深水高桩承台，外形有：矩形、圆形、圆端形。有双壁、单壁两种形式	制作复杂，难度相对较大
钢套箱	适用于覆盖层较薄或地基承载力较高，基础底标高位于河床内或略高于河床	适用于水深在 40m 以内的低桩承台	相比钢管桩围堰，用钢量较大	适用于水中低桩承台，外形有：矩形、圆形、圆端形。有双壁、单壁、单双壁组合式	制作复杂，难度相对较大

通过比选并结合本工程特点以及钢围堰设计计算成果，对 6# 墩承台施工采用钢板桩围堰进行施工。

4.2 锁扣钢管桩围堰成套施工技术

4.2.1 钢管桩围堰结构设计与分析

4.2.1.1 围堰结构设计

沙颍河特大桥 7# 墩施工期水深约 17 m，围堰内开挖深度达到 20.823 m，水、土压力相对较大，且均需由围堰结构承担；同时，为确保施工期内完成承台施工，降低水位影响，需优先考虑施工难度相对较小的围堰形式，以为承台混凝土施工提供更充裕的时间。综合考虑以上各因素，经多方案比选后，沙颍河特大桥 7# 墩承台施工选用锁扣钢管桩围堰作为主要支护结构。

沙颍河特大桥 7# 墩锁扣钢管桩围堰设计为平面尺寸 28.494 m × 21.578 m 的矩形结构。钢管规格为 820 × 14 mm，材质为 Q345 b，桩底高程：+14.977 m，顶高程：+40.977 m，桩长 26 m。

根据结构受力情况，围堰内设置 5 层围檩及内支撑用以支承钢管结构，各层围檩高程依次为：+40.5 m、+37.0 m、+34.0 m、+31.5 m、+28.5 m。

第一道围檩：2 HN700 × 300 型钢，内支撑为水平对撑采用 609 × 16 mm 钢管，其他支撑为 c400 × 10 mm 钢管；第二至第五道围檩：3 HN700 × 300 型钢，内支撑为 609 × 16 mm 钢管。

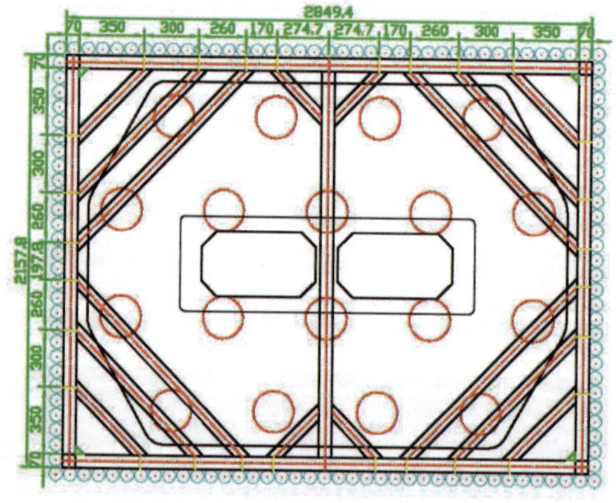

图 4.1　7# 墩围堰平面布置图

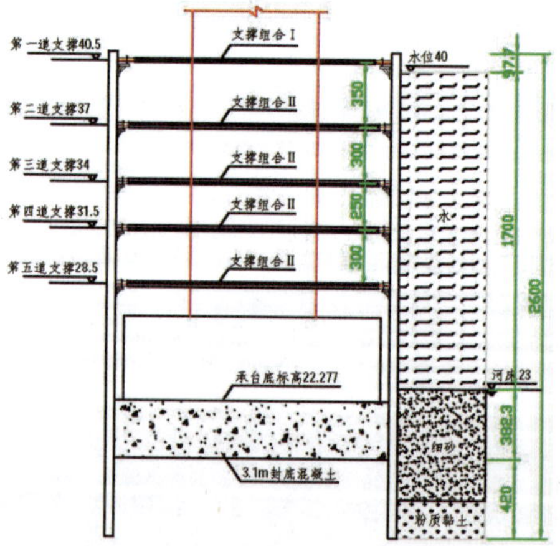

图 4.2　7# 墩围堰立面布置图

4.2.1.2 围堰计算分析

在完成围堰钢管桩插打后，依次抽水安装至第三道围檩，安装完成后向围堰内注水至围堰内外水位差为零，用吸泥机完成吸泥清淤工作至基坑内达到设计标高位置，随后浇筑 3.1 m 厚水下封底混凝土，并养护至设计强度，再抽水安装剩余内支撑。

1. 围堰计算工况

根据以上施工步骤，结合具体水文、地质参数，按表 4.3 所示工况进行围堰计算分析。

表 4.3　计算工况一览表

计算工况	工况描述	水位差 /mm
1	钢管桩插打，合龙后安装第一道内支撑，围堰内抽水至 +36.5m 处	3.5
2	完成第二道内支撑安装，围堰内抽水至 +33.5m 处	6.5
3	完成第三道内支撑安装，围堰内回水，至内、外水位相同时吸泥清至 +18.177m 处	20.823
4	浇筑封底混凝土并养护，围堰内抽水至 +31.0m 处	9
5	完成第四道内支撑安装，围堰内抽水至 +28.0m 处	12
6	完成第五道内支撑安装后，抽水至围堰内呈现无水环境	17.723
7	浇筑承台，围堰内注水至 +28.0m 处，拆除第五道内支撑	12
8	浇筑墩柱，围堰内注水至 +31.0m 处，拆除第四道内支撑	9
9	浇筑墩柱，围堰内注水至 +33.5m 处，拆除第三道内支撑	6.5
10	浇筑墩柱，围堰内注水至 +36.5m 处，拆除第二道内支撑	3.5

2. 围堰钢管入土深度分析

根据规范要求，对于具有多道内支撑的围堰，嵌固深度不宜小于 0.2 倍的围堰深度，这里入土深度取 4.2 m。计算得出最不利工况下抗倾覆稳定系数为 1.5>1.35，基坑抗降起稳定系数为 1.89>1.8，即钢管桩入土深度为 4.2 m，即可满足规范要求。

3. 围堰抗浮计算

围堰抗浮最不利工况为工况 6，此时，围堰内、外水位差为 17.723 m，需要承受最大上浮力为 96838 kN，由封底混凝土自重、钢护筒以及锁扣钢管桩与封底混凝土之间黏结力提供抗浮作用。计算得出抗浮稳定系数为 1.17>1.15，即抗浮满足规范要求。

4. 结构强度及刚度分析

对比各工况钢管桩受力得出，工况 2 钢管桩受力最为不利，内力值达 1618.6 kN · m，其应力值为 273 MPa<305 MPa。分别计算各工况下围檩及内支撑受力情况得出，考虑压杆稳定得出结构应力最大值为 291 MPa<305 MPa，即围堰结构强度满足规范要求。

采用 Midas/civil 建立结构整体计算模型，得出钢管桩最不利工况下变形值为 8.6 mm，围檩最不利工况下变形值为 4.9 mm，均小于规范变形限值。围堰钢管桩、围檩及内支撑结构变形见图 4.3、图 4.4 所示。

相邻护筒中心间距为 5.6 m，取 1 m 宽混凝土板进行计算。根据简明计算手册，钢护筒之间的封底混凝土按四边固结双向板计算。得出封底混凝土厚度不得小于 2.8 m，取 3.1 m 以消除基面平整度、混凝土厚度均匀性等因素影响。

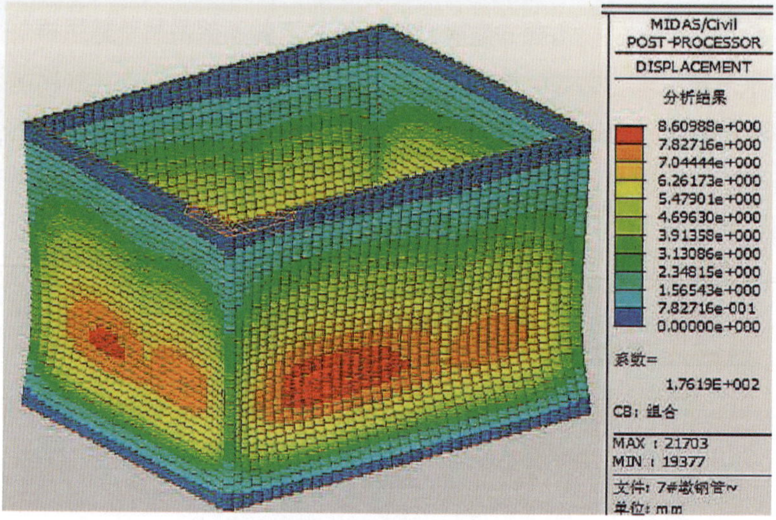

图 4.3　钢管变形图

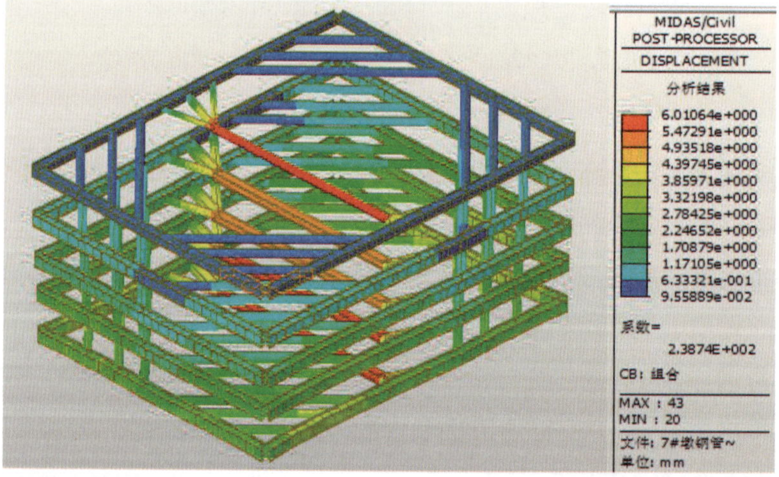

图 4.4　围檩及内撑变形图

4.2.2　钢管桩围堰施工关键技术

4.2.2.1　施工条件

拟建 G106 淮阳刘楼至项城李庄段改建工程，是河南省普通干线公路网规划调整方案中 G106 的重要组成部分。项目地处河南省东南部，黄河冲积平原扇南缘，路线整体上呈北—南走向，项目起点于淮阳区刘楼南与 G106 平交处（桩号 K814+230），终点于项城市李庄与 G106 平交处（K830+055.124），路线全长 15.825 km。

拟建沙颍河特大桥采用六车道一级公路技术标准。其中，7# 墩位于沙颍河主河槽内，围堰最大开挖深度达到 20.823 m，承台为八边形结构，厚度 4.5 m，每个承台下有 18 根群桩基础，承台顶面标高均在 +26 m 左右，采用 C35 混凝土。承台构造如图 4.5、图 4.6 所示。

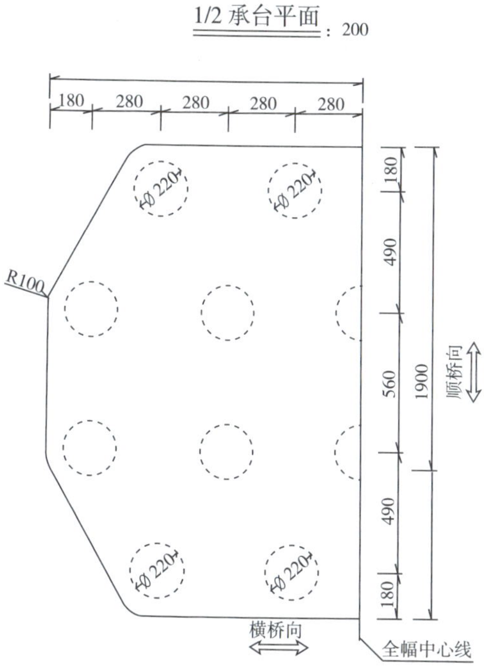

图 4.5　承台平面图

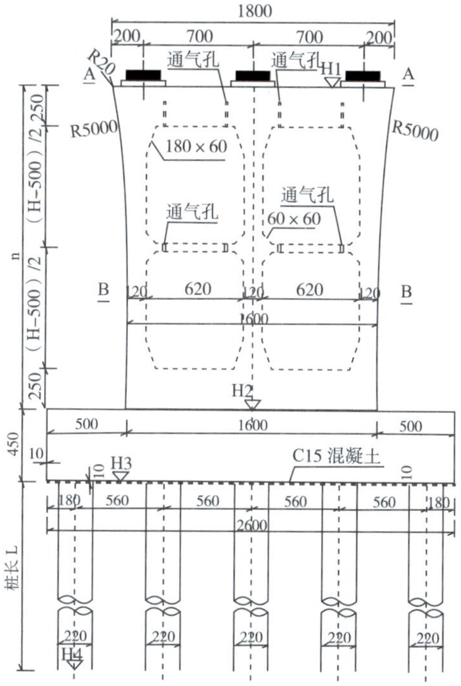

图 4.6　7# 墩承台立面图

项目区域内河流众多，且本项目路线呈北—南走向，与区域内的主要河流交叉较多，具有一定流量的河流有沙颍河。沙颍河属淮河的支流，发源于河南省登封市高山，经周口市、安徽省阜阳市，在寿县正阳关（颍上县沫河口）注入淮河，为淮河最大的支流，全长 620 km。流域范围北抵黄河南堤，西北邻黄河支流伊、洛河，西南与汉水水系的唐白河流域分界；南与洪汝河、谷河、润河地区接壤；东北与涡河、西淝河水系相邻。河床标高为 24.0 ~ 31.0 m，最高通航水位标高 42.590 m，20 年一遇洪水位 45.3 m，50 年一遇洪水位 46.2 m。

4.2.2.2　施工要点

1. 围檩、内支撑及钢管桩施工

拆除钻孔平台后，钢管桩运输吊装就位，在钢护筒上焊接临时牛腿，安装第一层围檩，以第一道围檩为导向架，导向架安装完成后开始首根钢管桩定位，从靠航道侧上游开始插打，向下游中间合龙。施工过程中大桩号侧、上游侧、小桩号侧位置的钙化物堆积层插打困难，现场采用了水刀进行引孔，具体为：通过提前附着在钢管桩底部的高压水枪冲射桩周土层，达到引孔目的，全桥共引孔 70 根。

图 4.7　钢管桩插打

在抽水及清淤工作配合下，以相同工艺依次完成第二道至第五道围檩、内支撑安装，具体为：放出围檩标高线，在围檩相应牛腿标高处完成牛腿焊接工作，将围檩及内支撑下放后在围堰内焊接安装。每道围檩安装前均需通过降低围堰内水位的方式，实现无水环境安装该道围檩。此外，为降低围堰内清淤导致的内、外压力差，在第三道围檩安装完成后，通过向围堰内注水的方式，达到围堰内、外水压力差为零。清淤至设计标高后完成封底工作，继续完成后续两道围檩、内支撑安装施工。

2. 抽水及堵漏

钢管桩 CT 锁口封堵尝试采用黏土进行填充封堵。该方式因钢管桩 CT 锁口变形缝隙过大，在水流作用下锁口内黏土不密实导致止水效果并不明显。此后，尝试引进堵漏王，平台上的施工人员将堵漏材料在栈桥平台上用水桶按照水泥:堵漏王材料:速溶胶粉:水＝200∶200∶1∶100 的比例调配。将排水管顺着管桩外下放到水中，根据河床深度不同来调节排水管的长度，潜水员下水到对应位置；将排水管中下放的材料均匀涂抹在管桩外 CT 锁口处，对 2 cm 以内锁口孔进行封堵，待 24 h 后完全凝固达到较好的堵漏效果。对于锁口孔径大于 2 cm 的情况，则需在堵漏料中混入麻絮，拌揉捏成直径稍大的堵漏小球，同样由潜水员使用该材料完成锁口封堵。

3. 清淤封底

围堰的清淤使用导管注入空气反推使围堰内的河砂被吸出。共计约 5400 m^3。围堰清淤过程中，抽砂量过小，河床高程在 22 m 的位置为钙化堆积层，抽砂量较小进度缓慢，现场采用铰刀抽取方式顺利完成了清淤工作。

围堰清淤至封底设计高程时，潜水员下水摸底，排除个别河床较高点和清理护筒上的淤泥，确保顺利封底。封底过程中，2 辆泵车同时作业，从大桩号测、上游侧、小桩号侧开始向中间靠拢浇筑 C30 水下混凝土。

图 4.8　围堰内抽水

图 4.9　河砂通过运输船外运处理

4. 围堰监测

通过监测钢管桩位移及围檩、内支撑受力，实现施工过程实时掌握围堰受力及变形状态，以便及时发现问题、解决问题。沙颍河特大桥 7# 墩承台施工全过程，围堰各结构受力及变形均在规范限值以内。

4.2.3　围堰施工质量控制关键技术

4.2.3.1　目标确定

沙颍河特大桥作为本项目的重要控制点，大桥跨越沙颍河，总长 2.6 km，7# 墩位于沙颍河中心位置，平均水深 15 米，围堰的有效止水关系到 7# 墩下部构造的良好施工环境。

已施工完成的钢管桩围堰存在漏水现象，漏水点一次性验收合格率偏低，仅为 81%。

对沙颍河特大桥 7# 墩围堰进行检查、测试，共检查 100 次。其中存在质量问题 19 次，一次合格率 81%。控制围堰漏水点是桥梁施工顺利进行的重点和前提。

图 4.10　围堰现场检查

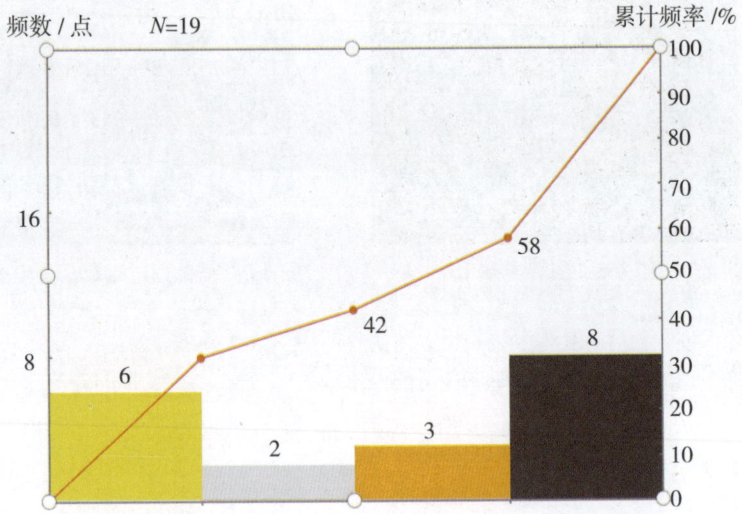

图 4.11　锁扣钢管桩围堰漏水点现状排列图

由图 4.11 可知，漏水问题的主要原因是："锁口缝隙过大" 和 "锁口填充不合格"。需解决上述 2 项质量问题。

因此，只要解决了上述这 2 项主要问题，本次 QC 小组活动的目标值为围堰漏水点合格率由 73.7% 提高至 90%。依据是通过 QC 小组活动将本项目漏水点数量减少 90% 以上，则：

漏水点数量合格率目标值 =（锁口缝隙过大 6 × 90%+ 锁口填充不合格 8 × 90%
+ 原合格点 81）/ 检查点 100=93.6%

故将本次目标值设定为 92%。

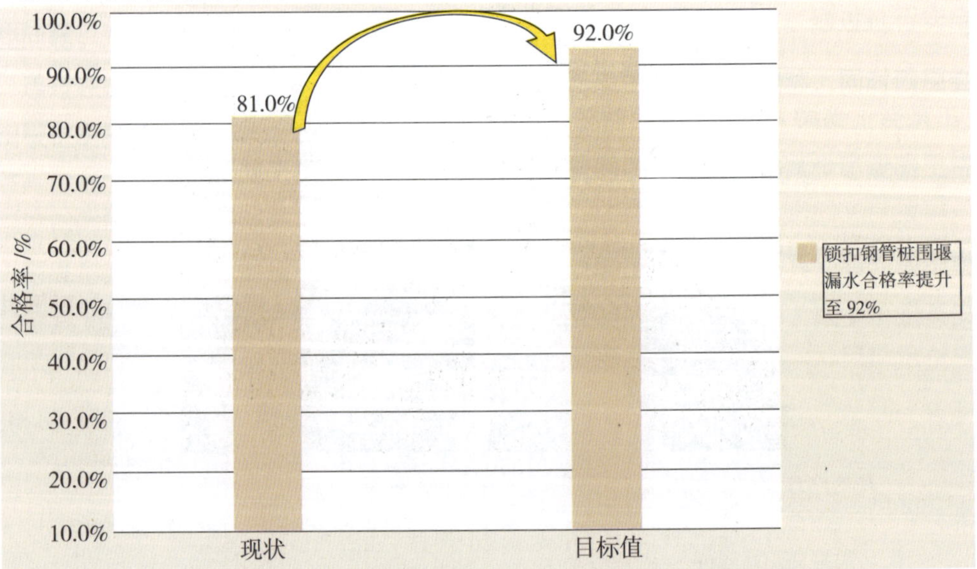

图 4.12　锁扣钢管桩围堰漏水点合格率质量活动目标图

4.2.3.2　原因分析

针对主要问题，QC 小组组织人员进行探讨，从人、机、料、法、环等方面进行分析，找到问题根源，从根源解决问题。经整理绘制原因分析关联图如图 4.13 所示。

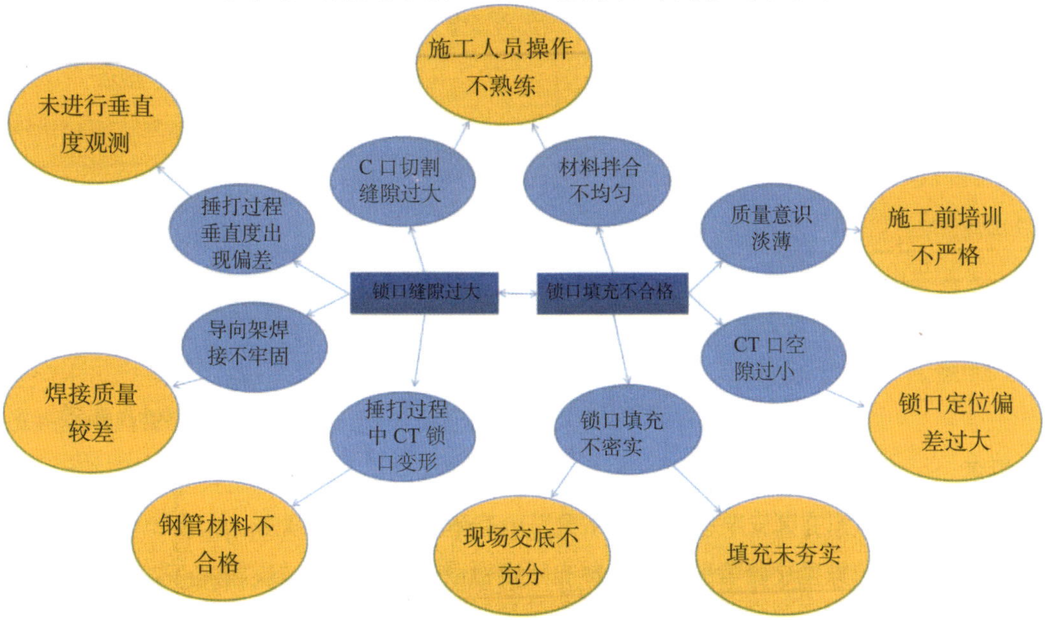

图 4.13　原因分析关联图

经过调查发现，现场工人为当地招的临时工，对于围堰施工没有施工经验。现场抽查焊接质量问题，发现焊缝不饱满，与管桩焊接不牢固。经现场检查发现锁口定位偏差较大，造成锁口有漏水现象。

表 4.4　要因确认表

序号	末端因素	确认方法	确认内容	标准	是否要因
1	施工人员操作不熟练	调查、分析	项目有没有开展质量培训教育活动	是否开展	是
2	未进行垂直度观测	现场验证	是否进行垂直度观测	是否开展	否
3	焊接质量较差	现场验证	焊接工艺及材料是否符合要求	是否符合	是
4	钢管材料不合格	现场验证	钢管规格尺寸及材质是否符合标准要求	是否符合	否
5	现场交底不充分	调查、分析	现场交底是否有针对性	是否符合	否
6	填充未夯实	现场验证	是否按要求进行夯击	是否符合	否
7	施工前培训不严格	调查、分析	施工前是否进行培训	是否开展	否
8	锁口定位偏差过大	现场验证	锁口定位是否合格	是否符合	是

4.2.3.1 质量对策

依照要因确认计划表逐条进行落实，最终小组找到 3 条原因：①施工人员操作不熟练；②焊接质量较差；③锁口定位偏差过大。最终决定如表 4.5 所示。

表 4.5 问题对策实施表

序号	要因	对策	目标	措施
1	施工人员操作不熟练	通过质量教育及现场的指导，规范操作工人施工	通过培训教育，通过自身的实践来增长经验	指派专门人员到现场对工人监督指导
2	焊接质量较差	通过开展焊接培训及技能比武，规范操作工人施工	通过开展培训及技能比武，增强焊接质量	开展培训和焊工技能比武
3	锁口定位偏差过大	通过测量放样定位每根钢管保证锁口偏差符合要求	钢管桩锁口偏差符合要求	现场测量定位

实施 1：施工人员操作不熟练。

第一，由专人负责组织作业人员进行现场实地培训，直到工人掌握正确的施工方法。

第二，由专人负责围堰止水施工现场监督、跟班作业，监督合理进行施工。

第三，采取奖罚措施，对围堰止水起到较好效果的作业工人给予表彰奖励，对不合格的作业工人调离至其他岗位。

实施 2：焊接质量较差。

第一，2016 年 11 月 16 日在沙颍河特大桥 7# 墩围堰施工，再次对现场施工工人进行了施工技术交底，增强质量意识，让每个操作工人对工艺流程、施工工艺、质量标准都有清晰地了解。

第二，举办焊工技能比武来加强施工人员的质量意识，激发工人学技术的积极性，技能充分的在施工一线发挥作用。

第三，定期组织全体作业人员参与施工质量学习，并保证操作工人在技术上掌握要领，思想上认识到位。在施工现场进行实际操作考评，考核不合格或者不服从管理的人员不得上岗作业。

实施 3：锁口定位偏差过大。

通过对所有管桩锁口进行量尺测量定位，全程旁站观测，偏差值得了有效的控制。

实施效果检查：通过采取以上措施，改善锁口定位偏差过大而产生的漏水点，起到了良好的止水效果。

4.2.3.2 质量结果

通过严格的 PDCA 循环，在制定并实施了有针对性的措施后，小组成员对沙颍河特大桥 7# 墩锁扣钢管桩围堰的漏水点进行检查，检查 100 点发现有 7 个不合格点，合格率达到 93%。统计结果见表 4.6 所示。

表 4.6　措施实施前抽查情况

序号	项目名称	检测点数	频数 / 处	累计频数	频率 /%	累计频率 /%
1	锁口缝隙过大	25	2	6	19	19
2	T 口工字钢破损	25	2	8	19	38
3	管桩有裂口	25	3	5	43	81
4	堵漏填充不合格	25	2	8	19	100
合 计		100	7		100	

实施前后合格率对比如图 4.14 所示。

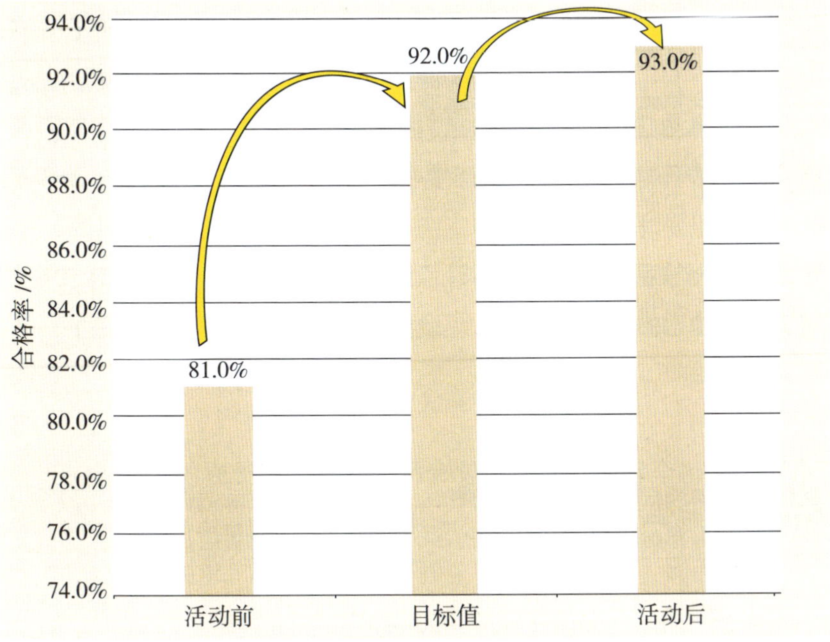

图 4.14　实施前后合格率对比图

4.3　双层支护钢板桩围堰成套施工技术

4.3.1　钢板桩围堰结构设计与分析

4.3.1.1　支护结构设计

采用双层支护结构完成 6# 墩承台及墩身施工。其中靠近沙颍河方向设置支护 1：为单排拉森Ⅰ型钢板桩支护结构，钢板桩长度 15 m，顶面标高为 +41.0 m，高出原地面线，沿河道方向布置 46 m。

与支护 1 间隔 2.5 m 位置设置支护 2：为封闭拉森Ⅳ型钢板桩围堰结构，钢板桩长度 27 m，顶面标高为 +37.0 m，底面标高为 +10.0 m。支护 2 与支护 1 之间土层开挖至 +36.5 m 位置，支护 2 远离沙颍河方向则通过放坡方式，将原始地面标高开挖至 +36.5 m。

围堰内设置三道支撑体系：第一道支撑体系为双拼 H700 × 300 mm 型钢，标高 +36.0 m；第二道支撑体系为双拼 H700 × 300 mm 型钢，标高 +33.5 m；第三道支撑体系为三拼型钢，标高 +31.0 m。围堰内设置 C30 水下封底混凝土，其顶面标高为 +25.725 m，底面标高为 +24.025 m。

支护结构布置见图 4.15、图 4.16 所示。

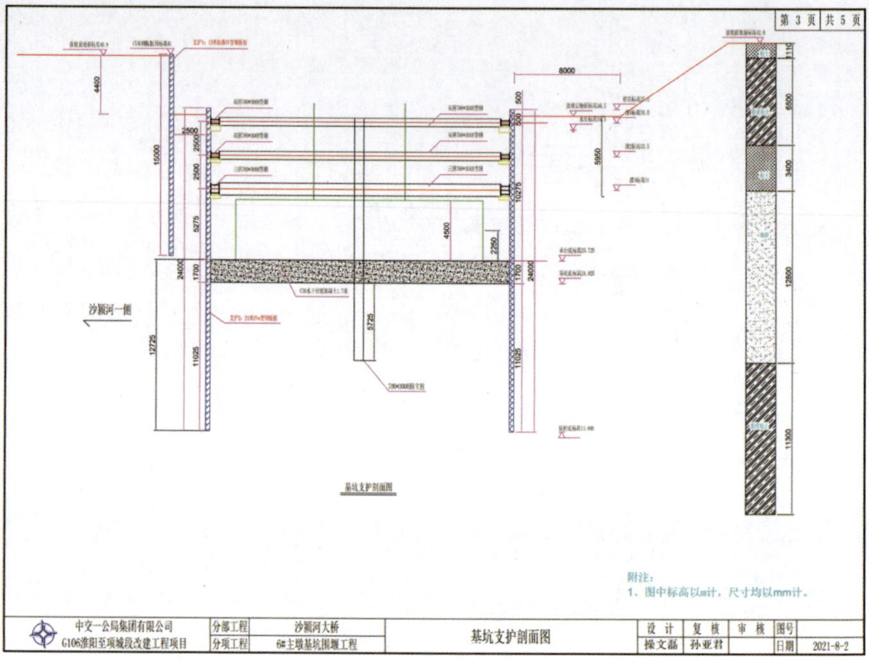

图 4.15　6# 承台支护结构立面布置图

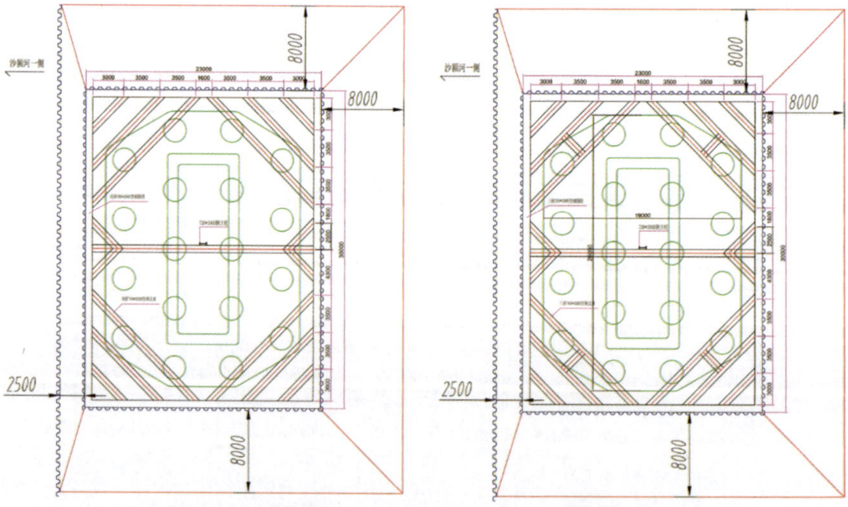

（a）第一、二道支撑　　（b）第三道支撑

图 4.16　6# 承台支护结构平面布置图

4.3.1.2　结构安全性分析

根据具体施工流程，选取控制工况对支护结构进行安全性计算分析。

表 4.7　计算工况

控制工况	具体工艺	支护
1	降水至 35.5m，插打支护 1 钢板桩，开挖至标高 36.5m	支护 1
5	支护 2 基坑开挖、抽水至第二道支撑体系下 1m	支护 2
7	基坑内继续开挖、抽水至第三道支撑体系下 1m	
10	开挖（不抽水）至基坑底	
12	抽水	

根据控制工况进行有限元分析，限于版面，提取部分结果。

1. 支护 1 计算

支护 1 仅在施工步骤一时，需要进行计算。采用弹性支点法计算得出其组合应力 σ=161 MPa<345 MPa，嵌固稳定系数为 2.7>1.25，即支护 1 满足规范要求。

2. 支护 2 钢板计算

根据计算得出，支护 2 钢板桩结构在工况 5、7、10、12 作用下，其组合应力分别为 66 MPa、100 MPa、145.5 MPa、186 MPa，均小于规范允许值 330 MPa。具体应力云图见图 4.17 至图 4.22 所示。

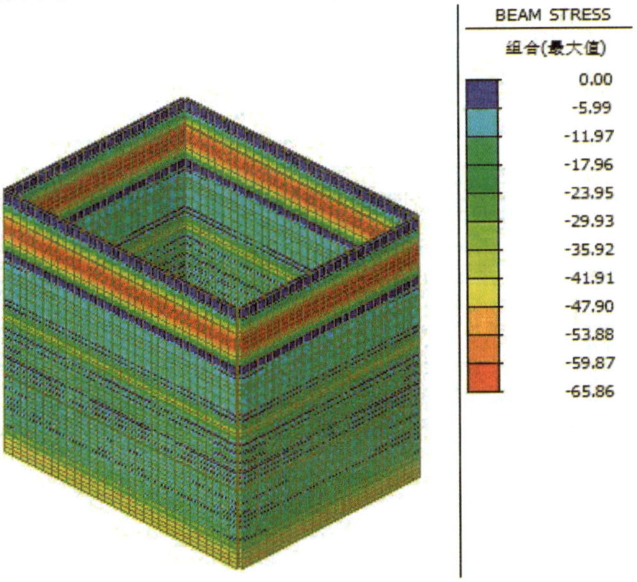

图 4.17　工况 5 钢板桩应力云图

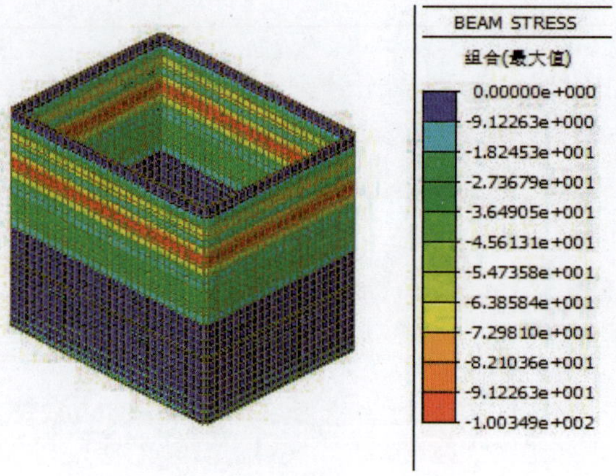

图 4.18　工况 7 钢板桩应力云图

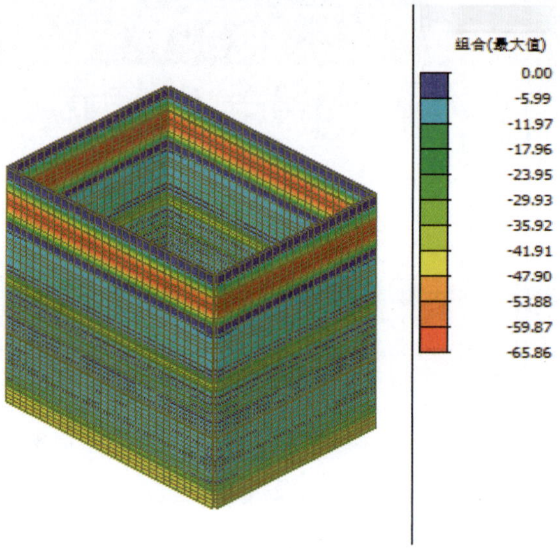

图 4.19　工况 10 钢板桩应力云图

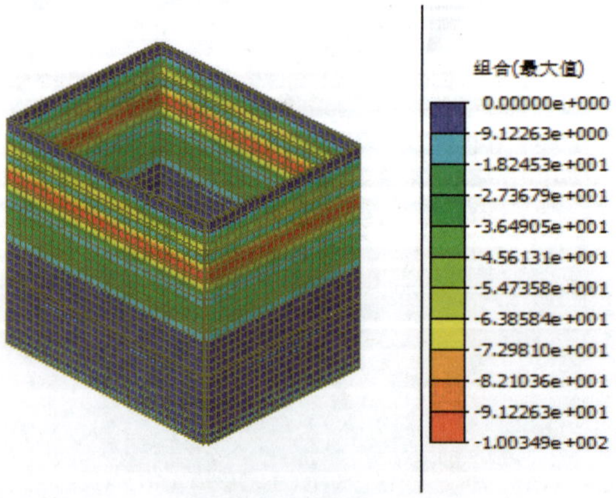

图 4.20　工况 12 钢板桩应力云图

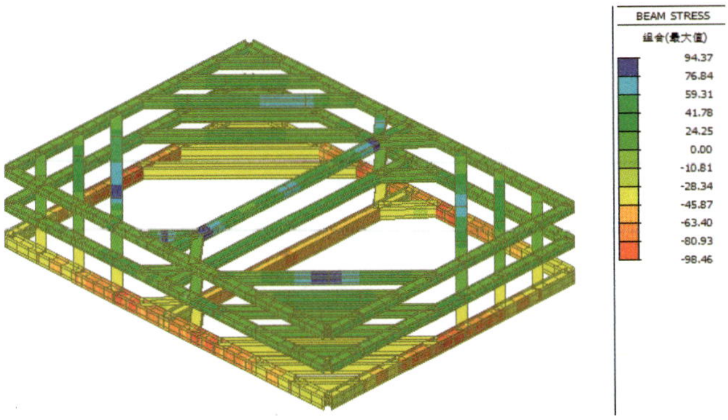

图 4.21　围檩及内支撑组合应力云图

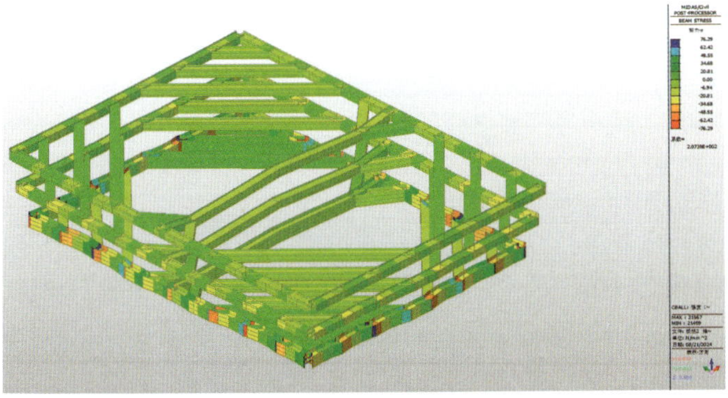

图 4.22　围檩及内支撑剪应力云图

3. 支护 2 围檩及内支撑

以工况 12 为例，围檩及内支撑结构最大组合应力为 168.14 MPa，最大剪应力为 76.29 MPa，均满足结构受力要求；围檩及内支撑结构最大变形为 5.25 mm L/400–8.75 mm，即其刚度同样满足规范要求。

结构应力及变形结果见图 4.23 所示。

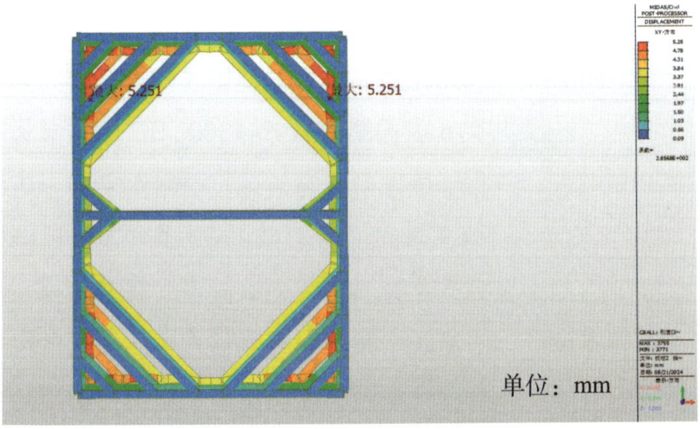

图 4.23　围檩及内支撑剪变形图

4. 封底混凝土计算

封底混凝土的主要作用包括：①防水渗漏；②抵抗水头差在围堰区域的浮托力；③作为承台施工时的承重底板。

由分析可知，高水位抽水工况为控制工况，故仅对该工况进行计算即可说明问题。基本条件如下：①抗浮最高水位为 +31.0 m，承台底标高为 +25.725 m；②基坑平面尺寸为 23 × 30 m；③钢护筒直径为 2.2 m；④封底混凝土净面积为 621.6 m^2，周长为 106 m，封底混凝土厚度为 1.7 m；⑤水下封底混凝土桩、钢板桩的握裹力分别取 150 kPa、0 kPa。

高水位抽水工况下，封底混凝土主要承受自重、内外水头差产生的浮托力及钢护筒、钢围堰提供的握裹力作用。

计算得出封底混凝土抗浮系数：

$$K_f = \frac{G_C + F_1 + F_2}{F_W + P_{UC}} = \frac{25360 + 31708 + 0}{43357} \approx 1.316 > 1.15$$

满足抗浮要求。

4.3.2 钢板桩围堰施工关键技术

4.3.2.1 施工条件

桥位区横跨沙颍河，属于黄河冲积平原地貌单元，场地现地面高程为 41.84 ~ 44.35 m，高差约为 2.5 m，地形整体较平坦，地形地貌条件较简单。路线穿越沙颍河处河床呈 U 型，宽约为 270 m，河床标高为 24.0 ~ 31.0 m，高差约为 8.0 m，河床起伏较大。

项目区域内河流众多，且本项目路线呈北—南走向，与区域内的主要河流交叉较多。沙颍河是项目区域内具有一定流量的河流。沙颍河属淮河的支流，发源于河南省登封市嵩山，经周口市、安徽省阜阳市，在寿县正阳关（颍上县沫河口）注入淮河，为淮河最大的支流，全长 620 km。流域范围北抵黄河南堤，西北邻黄河支流伊、洛河，西南与汉水水系的唐白河流域分界，南与洪汝河、谷河、润河地区接壤，东北与涡河、西淝河水系相邻。河床标高为 24.0 ~ 31.0 m，最高通航水位标高 42.590 m，20 年一遇洪水位 45.3 m，50 年一遇洪水位 46.2 m。

4.3.2.2　施工要点

1. 施工流程

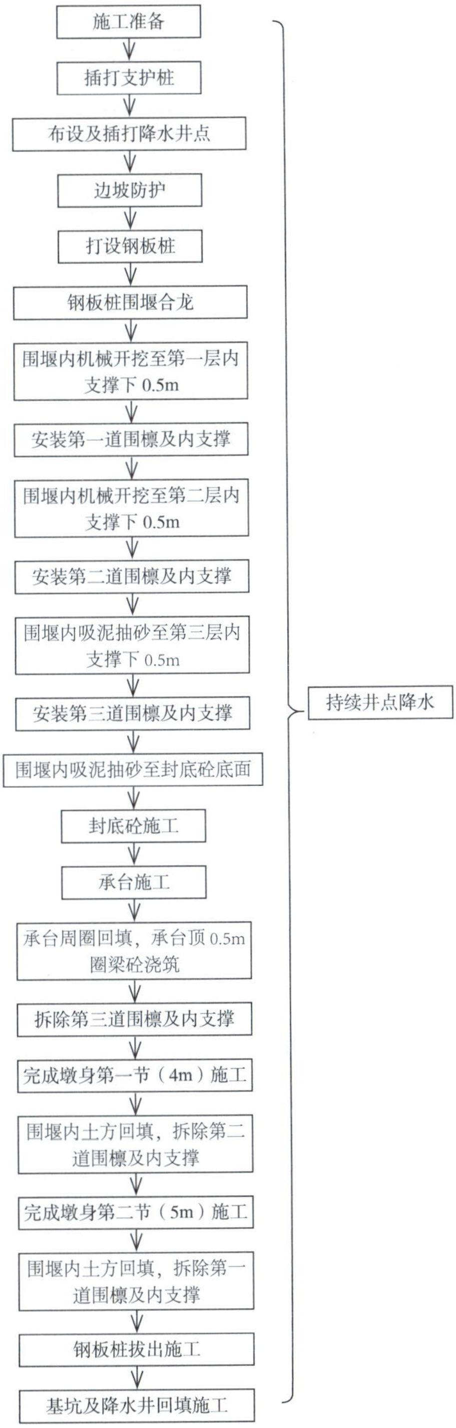

图 4.24　深基坑降水加双层支护钢板桩围堰施工工艺流程图

2. 井点降水位置规划、排水边沟及安全用电规划

在支护钢板桩完成插打后，利用挖机对场地进行平整，根据基坑开挖降排水设计方案对井点进行规划设置。

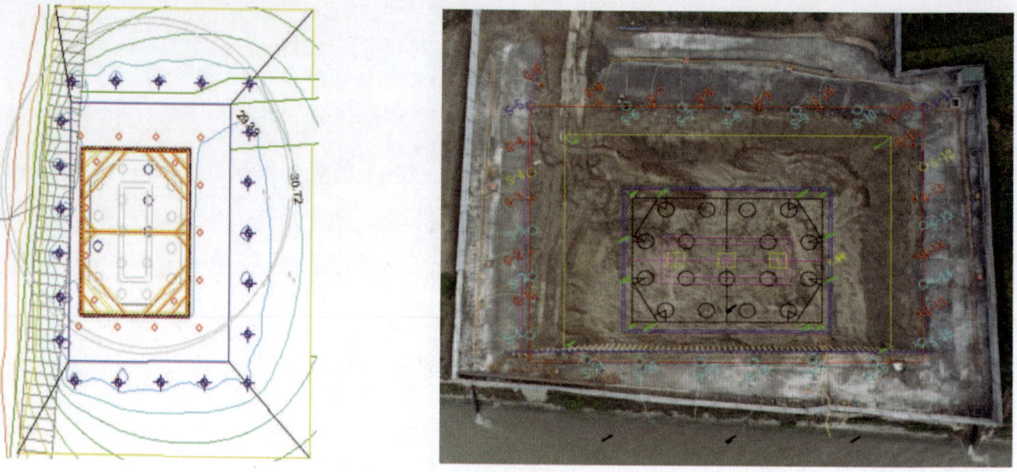

图 4.25　模拟降水结果

承台土方开挖施工前先在 42 m 的标高及边坡开挖线外 2 m 的位置处修筑排水边沟。排水边沟的纵坡采用 1.5% 坡比进行开挖，修筑排水边沟的材料采用内径 50 cm 波纹管，从中间分为两半铺设在开挖的基坑内部，后采用细石混凝土进行回填。每 30 m 设置一个沉淀池，用于收集降雨时冲入截水边沟的杂物，同时兼备收集降水井中抽出的砂石杂物，避免截水边沟堵塞。在排水边沟结束后，调用挖掘机和自卸车对承台基坑进行开挖至标高至 39.5 m 位置，为降水井施工做好准备。

根据方案中设置的降水井数量，在承台左侧边坡平台上设置二级配电箱，测量放样出基坑内降水井的位置，根据降水井的位置布设三级配电箱。配电箱支腿采用砖混进行固定，电箱间的电缆线使用 PVC 管进行包裹保护，保证用电安全。

3. 钢板桩插打

使用全站仪精准确定出钢板桩 4 个角的中心位置，作为钢板桩的控制基准点，后在两个基准点上每 6 m 加密一个校正点。为保证钢围堰插打垂直度，在插打前先制作钢围堰导向架，作为打桩时的导向设备。承台钢板桩围堰为陆上打桩作业，采用夹紧式导向架（即双面型钢导架）。

图 4.26　导向架定位控制

导向架由架体和钢板桩固定装置 2 部分组成，架体由 400 × 400 的双拼 H 型钢焊制。在导向架使用时，先经过测量放样确定导向架安放位置，挖机挖出固定槽，在固定槽中放样出钢板桩中心位置；再使用履带吊进行导向架安装，确保导向架中心与钢板桩中心位置重合，利用挖机对固定槽进行回填，对导向架进行固定。钢板桩插打时使用固定装置控制钢板桩前进方向，保证钢板桩沿设计方向前进。

采用 CFG28 型长螺旋钻机引孔的方式进行钢板桩插打。在粉质黏土与细砂互层地质条件下，先利用长螺旋钻孔取土施工技术，可以改变土体的密实度，使土质变得疏松，减少钢板桩施工过程中土的阻力，提高钢板桩的插打功效。引孔深度比钢板桩底部高 20 ~ 40 cm，未引的余下 20 ~ 40 cm，利用 160 振动锤强行插打，确保钢板桩底部与砂层的紧密结合，提高整体的稳定性和止水效果，每两个引孔之间咬合 10 cm。引孔完成后，使用挖机将引孔带出的砂土进行清理，确保钢板桩顺利插打。

引孔完成后进行钢板桩插打。为了减少塌孔现象，提高钢板桩插打效率，采用“引二插二”的方式。在插打钢板桩时全过程使用垂线法，确保在插打过程中钢板桩的垂直度符合设计要求。

该承台围堰共计 185 根钢板桩，共计耗时 21 d，平均 8.8 根 /d。

钢板桩围堰在合龙时，两侧锁口很难保证在一条垂直线上。至剩下最后 4 片时，要先插后打，先将钢板桩插至稳定高度（保证钢板桩身稳定即可），主要是利于钢板桩自身宽度进行调整，合龙处的两片桩一高一低，便于插桩；若合龙有误，可用葫芦等小型工具配合，对拉使之合龙。合龙后，再逐根打到设计深度。

4. 围檩施工

第一层开挖投入 1 台徐工 215 挖机和 2 台装载车辆进行土方开挖和转运，开挖至第一层围檩支撑下 50 cm，即标高 35.2 m，开挖深度为 1.3 m。因围堰内支撑中间横撑跨度及自重较大，为确保横撑稳定，安装前在横撑中点旁插打一根 H 型钢作为横撑支撑梁，加强围檩中间横撑受力。

第二层围檩支撑标高为 +33.5 m，牛腿高度为 +33.2 m，采用吊尺法水准测量确定牛腿位置，在钢板桩上做出标记，对牛腿进行焊接安装，安装时控制牛腿顶平面的平整度，确保在进行围檩支撑安装时牛腿受力均衡。第二层围檩支撑为双拼 H 型钢，采用先焊接拼装成双拼，再用履带吊吊装下放至牛腿上进行焊接安装。

第三层基坑内土方开挖采用明抽法，该深度的土质为砂层，采用高压水枪配合自吸泵进行吸泥抽砂，抽砂时，使用高压水枪冲出一个直径 2 m，深 1.5 米的锥形槽，使得吸泥泵可以将泥浆抽出基坑，再使用高压水枪降低吸泥泵下的砂层高度，待降至设计高程上方 20 cm 左右时，开始向水平方向切割，再使用高压水枪将砂与水搅拌成砂浆，砂浆通过提前利用高压水枪留出的水道流向抽砂泵。利用高压水枪进行找平，将高度控制在牛腿顶标高下 50 cm 处。

图 4.27　第三层围堰内土方射水抽砂

第三层围檩的牛腿高度采用吊尺法水准测量进行控制，测出钢板桩的标高后，利用钢卷尺将点位引至基坑内部，再利用水准仪测出第三层围檩的牛腿高度，进行放样后焊接安装牛腿。第三层围檩支撑为三拼 H 型钢焊制，采用先焊接拼装切割成设计规格，再用履带吊进行下放安装焊接的拼装方式进行第三层围檩支撑的安装。

在第三层围檩支撑安装完成后，利用钢板将钢板桩与围檩之间的缝隙填充，保证围檩支撑全部受力。在完成钢板桩与围檩支撑之间的缝隙填充后，对钢板桩围堰整体组织验收通过后，钢板桩围堰整体完成。

5. 封底施工

基坑在围堰第三层内支撑安装完成后，开始用泥浆泵配合高压射水将围堰内的土方清除，高压水枪把土体冲射成泥浆，再用吸泥泵往外抽泥砂，围堰内取土，为不排水取土，过程中同时使用抽水机对围堰内进行补水，需保持围堰内部水位在 35.5 m，围堰外围降水井持续降水并维持在 31 m 标高，以保证围堰安全。开挖时及时测量坑底标高，并利用测锤时刻进行测深工作，避免超挖现象发生。如达到设计底标高，停止高压射水。过程中严禁机械碰撞支撑结构。

钢板桩围堰施工完成后，焊接 5 组支撑架，支撑架用型钢拼装而成，并将支撑架悬挂于围堰内支撑和内圈梁上，当做围堰封底的浇筑平台。混凝土的水下流动半径为 3.5 ~ 5 m，因此需要在每组支撑架布置 6 个浇筑点。每个导管在砍球之前必须复测导管悬空，以确保砍球成功。封底混凝土的坍落度为 18 ~ 22 cm，初凝时间宜为 24 h，混凝土在自建拌合站拌制，混凝土搅拌车运至墩旁、泵车泵送浇筑。

围堰水封按照从两边向中间方式进行，先对围堰四角、四边进行封底，而后逐渐向中间汇集，水封时先封 1.5 m 厚度，并现场取混凝土试件养护，当试件试验强度达到设计强度的 80% 后，即可对围堰内抽水。抽水完毕，再用 20 cm 混凝土垫层进行找平，垫层顶面要求达到承台底面设计标高。将桩头超高部分混凝土凿除，将桩顶混凝土面凿毛，清理干净，准备开始绑扎承台钢筋。

图 4.28　封底后抽水效果图

混凝土的灌注必须连续作业，一气呵成，避免任何原因中断灌注。本围堰封底浇筑采用 2 台天泵，混凝土灌注过程中，利用测绳加大导管埋深监测频率和密度，在导管和周边特殊位置布设测量点，其余范围布设测量网格时，网格间距为 3 m，在接近封底混凝土顶面时，测点加密至 1 m；随时测量和记录反馈围堰内混凝土灌注标高。尽量避免超封或漏封。

待封底混凝土强度达到设计强度时开始钢围堰内抽水。抽水过程需保持坑外水位维持在 +31.0 m。在抽水过程中，随时观察钢围堰结构变形情况。钢围堰封底混凝土顶面标高为 +25.525 m，钢围堰顶标高为 +37.0 m，抽水扬程为 11.475 m，排水方量为 7918 m^3，钢围堰内抽水由 8 台 100 m^3/h，扬程为 30 m 的潜水泵沿钢围堰壁均匀分布进行抽水作业。

4.3.3　围堰施工质量控制关键技术

4.3.3.1　目标确定

钢板桩插打合格与否直接决定了钢围堰成型时的可靠程度，而钢板桩围堰又是确保沙颍河特大桥 6# 墩基础及下构施工安全的重要因素，因此需要积极开展技术攻关。

沙颍河特大桥作为本项目的重要控制点，大桥跨越沙颍河，6# 墩紧邻沙颍河岸堤，钢板桩围堰在进行钢板桩插打过程中必须严格把控，保证施工过程符合规范要求。

根据《钢围堰工程技术标准》（GB/T 51295—2018）等要求，钢板桩顶达到设计高程的平面位置偏差不得大于 10 cm，垂直围檩中心线，允许偏差 100+0.01 H（mm）；沿围檩中心线允许偏差 150+0.01 H（mm），其中 H 为原地面标高与桩顶标高的距离。

已完成插打的钢板桩存在竖向偏移、水平偏移、锁口未能完全合拢等现象，插打合格率偏低，仅为 70%。

小组调查发现，2021 年 9 月 1 日至 2021 年 9 月 15 日，对沙颍河特大桥 6# 墩围堰已完成插打的 30 根钢板桩进行检查、测量、监控，发现其中插打不合格的钢板桩共 9 根，合格率为 70%。

控制钢板桩插打合格率是围堰施工顺利进行的重点和前提，小组对河南周口地区钢板桩施工的项目进行调查统计，共调查 4 个项目，钢板桩插打合格率平均达到 89.4%。

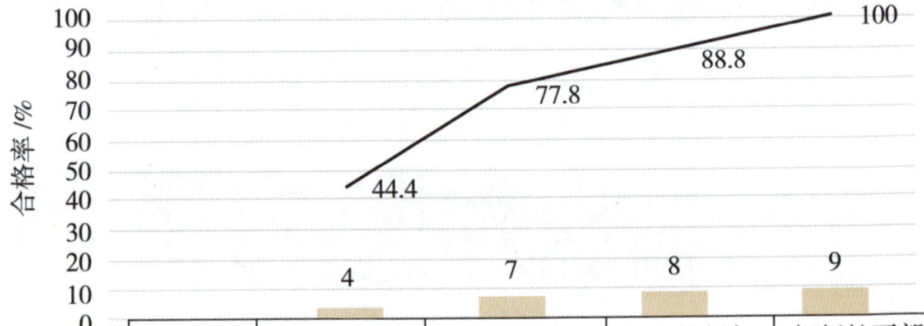

	钢板桩沿中心线偏移	钢板桩垂直围檩中心线位移	钢板桩插打未达标高	钢板桩下部偏移
累计频率	4	7	8	9
累计频率 /%	44.4	77.8	88.8	100

图 4.29　插打合格率因素统计图

由图 4.29 可知，钢板桩在插打过程中不合格的症结是“钢板桩沿围檩中心线偏移”和“钢板桩垂直围檩中心线位移”，因此要想提高钢板桩插打成功率，必须解决上述 2 项问题，这 2 项原因的累计出现频率为 77.8%，需重点解决。只要解决了上述主要问题，将本项目钢板桩插打过程中偏移围檩中心线的钢板桩数量减少 85% 以上，则：

钢板桩插打合格率目标值 =（沿围檩中心线偏移钢板桩数 4 × 85%+ 垂直围檩中心线位移钢板桩数 3 × 85%+ 原合格钢板桩数 21）/ 检查钢板桩数 30=89.8%

故将本次目标值设定为 89.8%。

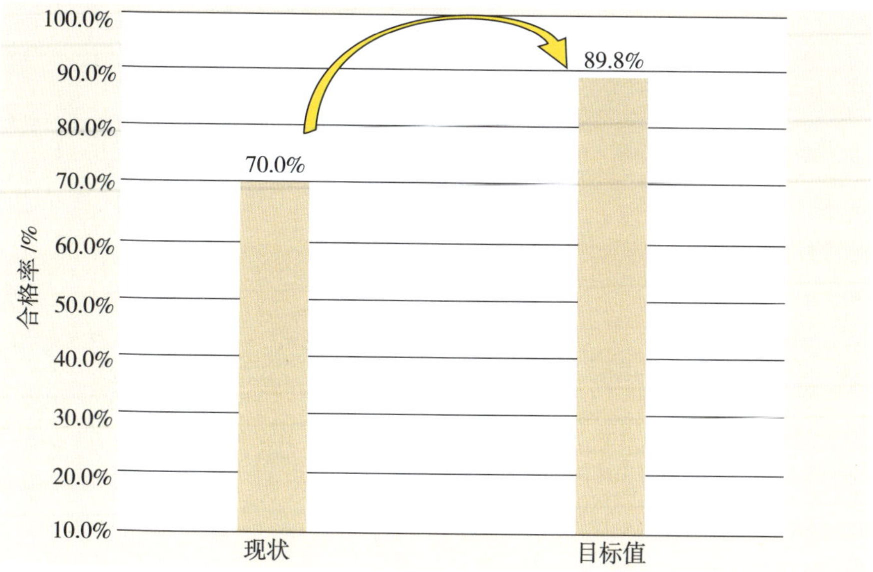

图 4.30　钢板桩插打合格率活动目标图

4.3.3.2　原因分析

针对主要问题，QC 小组组织人员进行探讨，从人、机、料、法、环等方面进行分析，找到问题的根源，从根源解决问题。经整理绘制原因分析关联图如图 4.31 所示。

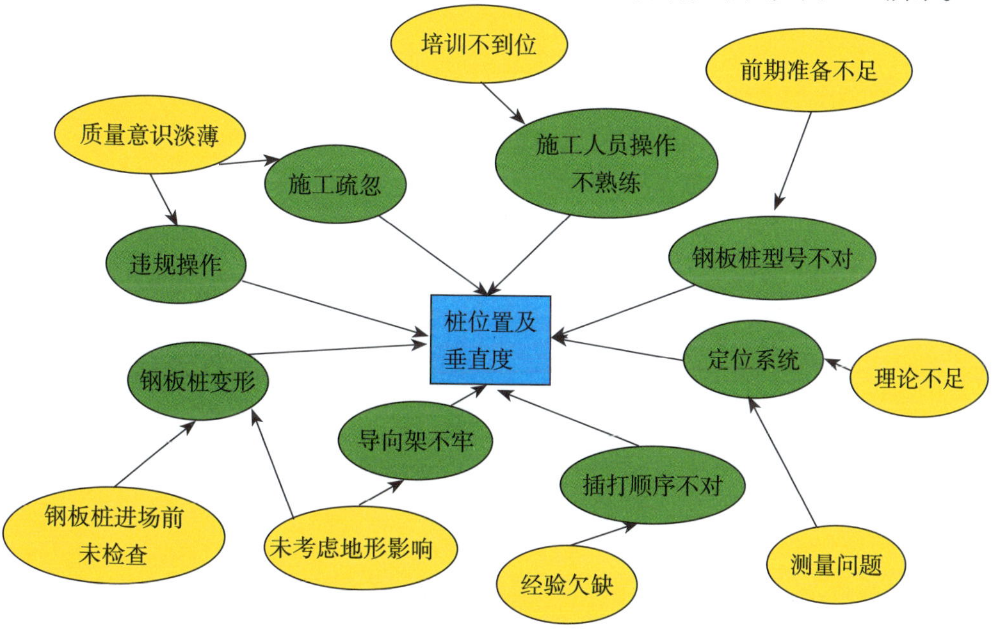

图 4.31　原因关联性分析

根据小组研讨总结的影响钢板桩插打合格率的原因分析关联图，由于原因具有主次和时效性，进一步查找确定主要和次要原因，并根据当前所需来解决当前所能完成的问题。

表 4.8 要因确认表

序号	末端因素	确认方法	确认内容	标准	是否要因
1	培训不到位	查阅相关培训记录和培训资料	项目有没有开展岗前培训和技术指导	是否开展	否
2	质量意识淡薄	现场抽查	主要施工人员是否具有上岗证，是否进行过质量教育	是否具备	否
3	前期准备不足	现场确认	进购的钢板桩材料型号和尺寸对实际施工匹配	是否匹配	否
4	测量问题	现场检查	现场利用测量仪器对钢板桩进行实时校准	是否符合	是
5	理论不足	检查考核	考核检查相关技术人员掌握钢板桩围堰施工工艺流程的熟悉程度	是否熟练掌握	否
6	经验欠缺	现场抽查	施工过程中是否严格按照规范施工	是否存在问题	是
7	未考虑场地影响	现场确认	现场场地对导向架的影响，地质对插打钢板桩的影响	是否存在影响	是
8	钢板桩进场前未检查	现场确认	所有新进材料均由项目部组织验收	是否组织验收	否

通过全站仪对各个水准点的复核，钢板桩桩顶标高符合工艺设计要求，导向架前行重新放置时没有二次复核与定位。

经过现场抽查，发现施工过程中虽然严格按照规范施工，但由于经验不足仍会出现一些问题。

通过在插打过程中的实地观察，导向架会受到场地的影响发生偏移，同时砂层会影响钢板桩的插打，阻碍钢板桩插打，导致钢板桩变形。

4.3.3.3 质量对策

针对以上造成钢板桩无法正常插打或插打不合格的主要因素，QC 小组全体成员集体共同探讨调查发现问题、解决问题，最终决定如表 4.9 所示。

表 4.9 问题对策实施表

序号	要因	对策	目标	措施	地点
1	测量问题	加强对钢板桩插打过程中的测量与监控，导向架放置时进行二次测量复核	导向架在钢板桩插打过程中不发生偏转，且在放置时确保导向架中心在设计中心线上	指派专门测量人员到现场对钢板桩插打过程进行监控监测	施工现场

表 4.9（续）

序号	要因	对策	目标	措施	地点
2	经验欠缺	对参加人员进行钢板桩围堰施工经验的传授及教育	经过学习培训让相关人员借鉴同行经验的同时，通过自身的实践来增长经验	利用项目部的便利条件搜索大量相关资料和以往施工经验对参与人员进行教育培训，并结合施工实践来增长经验	项目部
3	未考虑场地影响	将导向架固定在地面	在钢板桩插打过程中导向架不发生位移	利用挖机向下开挖，将导向架固定在地面上，并对导向架进行实时监控，确保导向架不会发生位移	施工现场

实施 1：针对测量问题。

组织测量作业人员到现场对钢板桩的插打进行监控检测，确保插打过程中不会发生偏移。

实施 2：针对参与人员经验不足的问题。

组织参与人员对相关资料和以往施工经验进行学习，并结合施工实践来增长经验。

实施 3：针对未考虑场地影响的问题。

由专人负责钢板桩插打施工作业的现场监督、跟班作业，确保钢板桩合格插打。

当导向架需要移动时，由专人负责对导向架定位，并进行二次复核，确保导向架的位置正确。

图 4.32　导向架定位

4.3.3.4 质量结果

通过严格的 PDCA 循环，在制定并实施了有针对性的措施后，小组成员对沙颍河特大桥 6# 墩围堰钢板桩插打情况进行检查，检查 185 根发现有 16 个不合格点，合格率达到 91.4%。统计结果见表 4.10 所示。

表 4.10 措施实施前抽查情况

序号	项目名称	检测点数	频数 / 处	累计频数	频率 /%	累计频 /%
1	钢板桩沿围檩中心线偏移	185	6	6	37.5	37.5
2	钢板桩垂直围檩中心线位移		7	13	43.75	81.25
3	钢板桩插打未达标高		2	15	12.5	93.75
4	钢板桩下部偏移		1	16	6.25	100
	合 计	185	16		100	

实施前后合格率对比如图 4.33 所示。

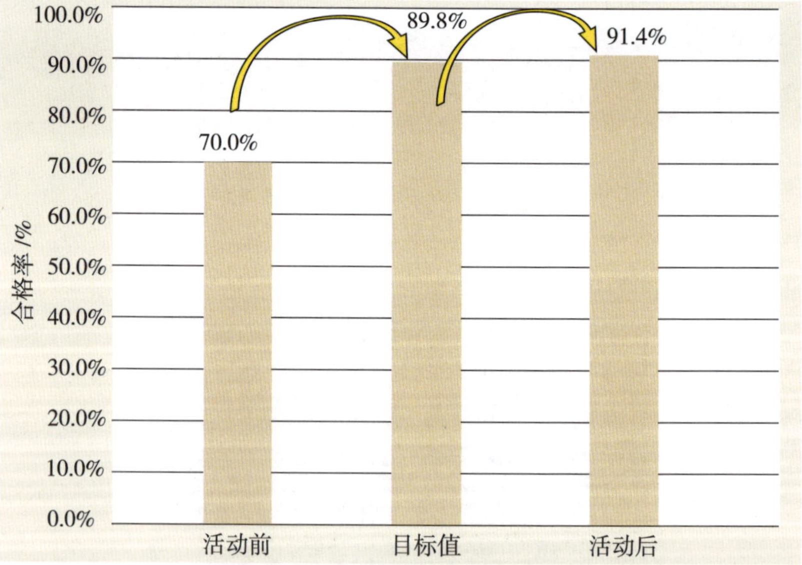

图 4.33 实施前后合格率对比图

4.4 研究小结

1. 钢管桩围堰设计与施工研究小结

航道深水环境钢管桩围堰的主要结构，其主要作用是支护隔水作用的钢管桩、连接管桩的 CT 型锁口、横向支撑的围檩及内支撑以及封底混凝土。围堰主要是靠在相邻钢管桩连接的 CT 型锁口内采用防水布袋内注浆进行堵漏，锁口外堵漏采用堵漏网与水泥

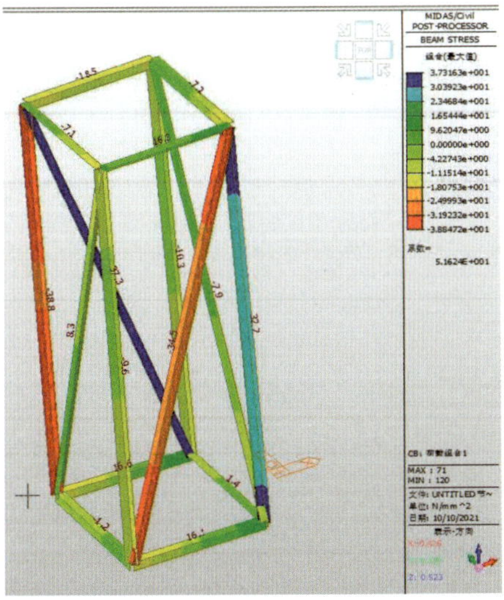

图 5.2　劲性骨架应力图

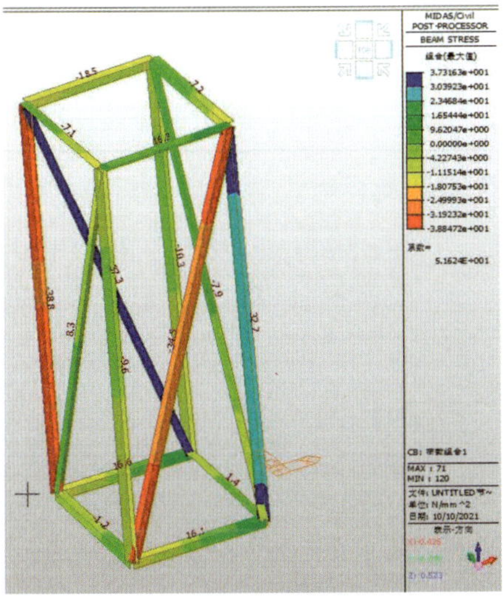

图 5.3　劲性骨架变形图

由图可知，最大变形位于上层立杆顶部，变形值 f_{max}=4.9 mm；

根据钢结构设计规范 GB 50017–2017，截面为 b 类截面。

骨架最大轴力：N=51.5 kN

角钢尺寸：∟ 75 × 75 × 8

自由长度 L：2.59 m

截面积 A=11.5 cm^2

回转半径 i=2.28 cm

两端铰接，长度系数 μ=1，$\lambda=\mu L/i$=259 × 1 ÷ 2.28=113.60

查钢结构设计规范 GB 50017–2017 表 C–2（Page130）

满足规范要求。

结论：综合分析，塔柱劲性骨架在最不利的情况下，强度、稳定性、变形均满足设计及规范要求。

5.2 预应力混凝土桥塔施工关键技术

5.2.1 施工条件

根据钻探揭露和已有邻近工程地质资料表明，地下水类型属于孔隙潜水，主要含水层为粉土、粉砂和细砂，各含水层地下水联系密切，场地地下水与沙颍河河水水力联系密切。地下水主要受大气降水和沙颍河河水补给，以侧向径流方式排泄，少量以蒸发方式排泄。

勘查期间，场地地下水埋深为 4.3 ~ 7.3 m，整体上地下水水位呈北高南低的趋势。根据区域水文地质资料和场地地下水稳定水位埋深情况分析，预计该场地范围内受河水补给、大气降水和农业灌溉的影响全年地下水随季节变化幅度一般为 1.0 ~ 3.0 m。

项目地属黄淮平原，地势西北高，东南低，自然坡降为 1/7000 ~ 1/5000。海拔为 35.5 ~ 64.3 m。大致以川汇区至太康一线为界，线西海拔为 50 ~ 64.3 m，自然坡降为 1/6000 ~ 1/5000；线东海拔为 35.5 ~ 50 m，自然坡降为 1/7000 ~ 1/6000。

该地地貌特点是大平小不平。整体地貌平坦，但受外力作用，岭岗和洼地微地貌广泛发育，改变了平原地貌的单一形态。按照河南省地貌区划和等级系统划分，市内以沙颍河为界，以北为黄河冲积平缓平原区，以南为淮河及其支流冲积湖积平原区。该段公路地貌类型属黄河冲积平原。根据设计方提供图纸，各钻孔孔口标高为 40.20 ~ 47.00 m，地面高差约为 7 m。境内地势基本平坦。根据地质调查，工程区域地表主要为第四系全新统冲积形成的粉质黏土，植被覆盖良好。

5.2.2 施工要点

5.2.2.1 总体施工方法

索塔与箱梁（悬浇）同时施工，待 1# 梁段浇筑完成且挂篮行走后进行索塔施工，待 6# 梁段施工完成前完成索塔的施工。

主塔高度 26 m，考虑采用满堂支架配合翻模分节进行主塔施工，塔身底部无索区塔柱部分（包括塔柱基础），有索区塔柱部分以及塔帽采用钢模一模到顶，节段划分，以避免模板与齿块相碰为原则，分为 9 节。塔柱上部鞍座处锯齿块模板用定制钢模，与侧模采用螺栓连接，设劲性骨架以调整固定鞍座的空间位置。混凝土采用卧泵进行泵送进行浇筑，钢筋采用塔吊配合进行安装。

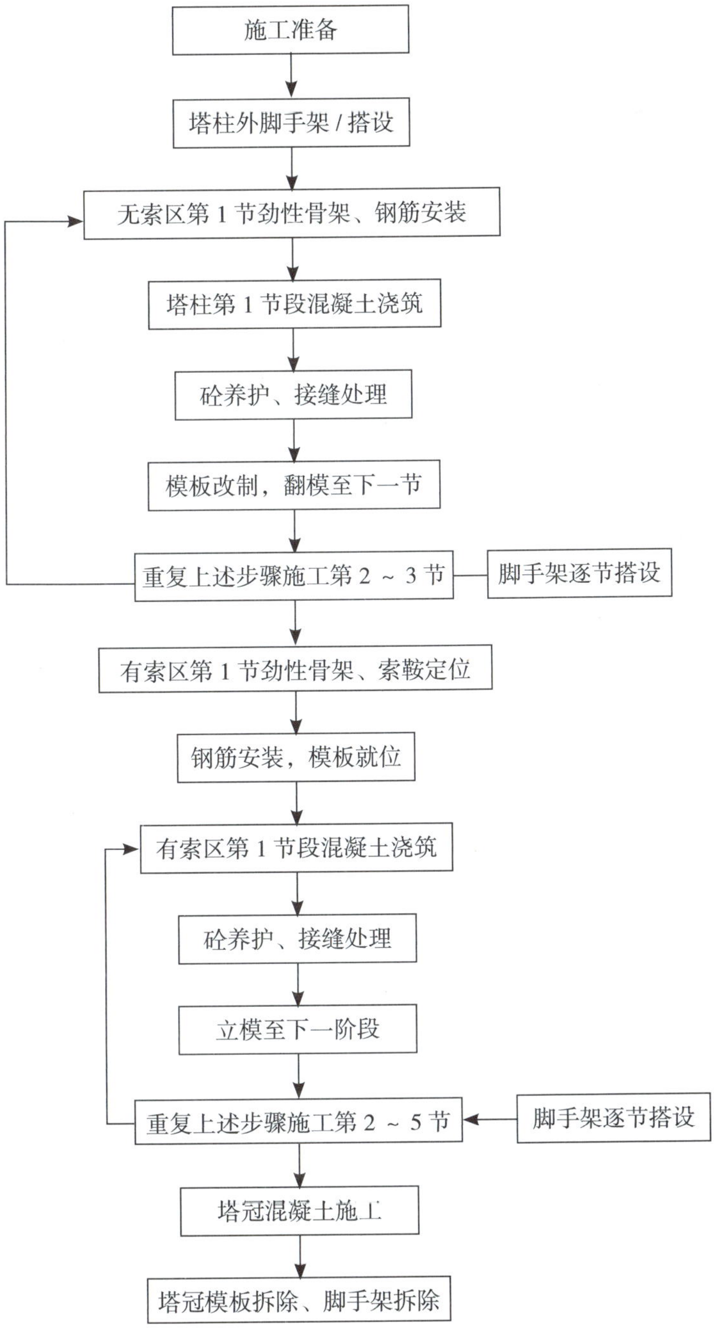

图 5.4　主塔施工工艺流程图

5.2.2.2　主塔施工测量

由于索塔的建筑造型为“奖杯型”，因此在施工的全过程中除应保证各部位的倾斜度、垂直度和外形几何尺寸，以及斜拉索索道管的精密定位外，还要对索塔进行局部测量系统的控制并与全桥的总体测量控制网联网闭合。索塔各部位采用空间三维测量法控制，测量时间选择在日照影响较小及风力较小的时间内进行测量，并对风力和日照的影响进行修正。

主塔施工测量重点是：保证塔柱各部分结构的倾斜度、外形几何尺寸、平面位置、高程满足规范及设计要求。

主塔施工测量难点是：在有风振、温差、日照等情况下，确保高塔柱测量控制的精度。

主塔主要控制定位有：劲性骨架定位、钢筋定位、塔柱模板定位、索套管安装定位校核、预埋件安装定位、各节段的竣工测量及监测等。

由于塔柱断面为具有倒角的中空多边形结构，因此主塔的施工测量采用全站仪三维坐标一体化放样方法，同时控制轴线点及断面各特征角点。

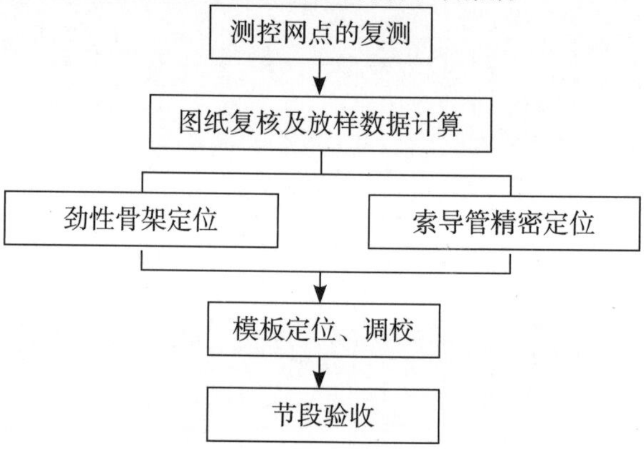

图 5.5　主塔测量施工工艺流程图

1. 塔柱截面轴线点、角点以及特征点坐标计算

根据项目施工设计图纸和索塔施工节段划分，建立数学模型，编制数据处理程序，计算塔柱截面轴线点、角点以及特征点三维坐标。施工监测阶段，塔柱放样、定位数据由监控单位提供，遵照监控程序执行。

塔柱施工首先进行劲性骨架定位，其次进行塔柱钢筋主筋边框架线放样，最后进行塔柱截面轴线点、角点放样及塔柱模板检查定位与预埋件安装定位，各种定位及放样以全站仪三维坐标法为主，辅以极坐标定位测量方法校核。

2. 劲性骨架定位

塔柱劲性骨架是由角钢、槽钢等加工制作，主要用于定位钢筋，支撑倾斜塔肢钢筋重量。塔柱劲性骨架定位精度要求不高，要求其平面位置不影响塔柱主筋位置即可，塔柱劲性骨架分节段加工制作，分段长度与主筋长度基本一致。在无较大风力影响的情况下，采用重锤球法定位劲性骨架，定位高度大于该节段劲性骨架长度的 2/3。如果受风力影响，锤球摆动幅度较大，则采用全站仪三维坐标法定位劲性骨架。除首节劲性骨架控制底面与顶面角点外，其余节段劲性骨架均控制其顶面四角点的三维坐标，从而控制劲性骨架横、纵向倾斜及扭转。

3. 塔柱主筋框架线放样

塔柱主筋框架线放样，即放样竖向钢筋边框线，确保混凝土保护层厚度，其放样精度要求较高。采用全站仪三维坐标法放样塔柱同高程截面竖向主筋边框架线及塔柱截面轴线，测量标志尽可能标示于劲性骨架，以便塔柱竖向主筋分中支立。

4. 塔柱截面轴线及角点放样

首先采用全站仪三角高程测量劲性骨架外缘临时焊的水平角钢高程；其次采用 FX-5800 P 编程计算器，按塔柱倾斜率等要素计算相应高程处塔柱设计截面轴线点、角点三维坐标；最后于劲性骨架外缘临时焊的水平角钢上放样塔柱截面轴线点及角点，从而控制塔柱外形，以便塔柱模板定位。

5.2.2.3　索鞍安装

分丝管索鞍作为部分斜拉桥索塔鞍座的一种特殊形式，由钢管组焊而成，分丝管截面形式同锚固端锚具形式对应。为与斜拉索过鞍座相适应，分丝管采用圆弧形，圆弧形弯曲半径为 4.5 m，两端为直线段，预埋钢管时应确保其位置准确。

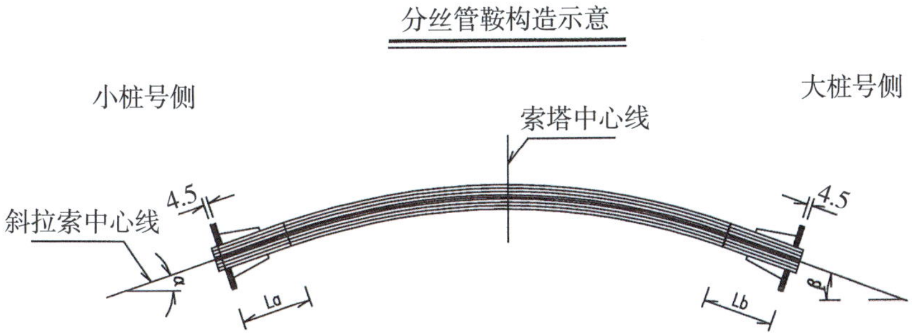

图 5.6　预埋分丝管索鞍构造图（1）

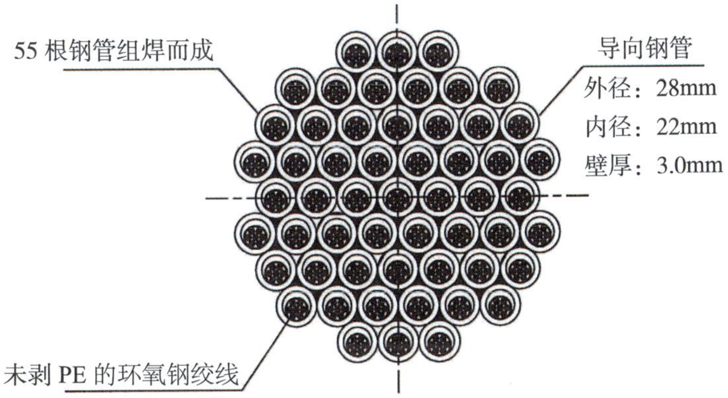

图 5.7　预埋分丝管索鞍构造图（2）

本工程分丝管索鞍为 55 孔规格，单个塔柱含分丝管索鞍 10 个，采用成品结构。由于索塔内每一根斜拉索的角度、标高均不同，施工中的偏差将影响斜拉索的安装质量，因此，分丝管索鞍的定位精度控制是部分斜拉桥施工的关键。

分丝管索鞍采用塔吊进行整体吊装，最重索鞍为505.8 kg，现有塔吊能满足吊装需求。索鞍采用劲性骨架进行固定，采用全站仪进行空间位置的定位测量，索鞍可在劲性骨架安装场地同步安装，再整体吊装至塔柱部位进行安装。

5.3 桥塔施工质量控制关键技术

5.3.1 目标确定

根据《公路工程质量检验评定标准 第一册 土建工程》的要求：分段浇筑时不得出现错台、不得出现漏筋和空洞现象，混凝土表面平整，颜色一致，轮廓线顺直，表面不得出现蜂窝和麻面，非受力裂缝超过设计规定或设计规定宽度超过0.15 mm必须处理。

对已施工完成的沙颍河特大桥5#主塔进行外观检查发现存在以下问题：蜂窝气泡、冷缝、表面平整度差、砂线、轮廓线不顺直、色差和拉杆孔割除焊烟污染等。

表5.3 现场调研合格率

序号	检查项目	检测点	外观欠缺点	频率/%	累计频率/%
1	蜂窝气泡	50	7	36.84	36.84
2	拉杆孔割除焊烟污染	20	5	26.32	63.16
3	冷缝	20	2	10.53	73.68
4	表面平整	20	2	10.53	84.21
5	砂线	20	1	5.26	89.47
6	混凝土色差	20	1	5.26	94.74
7	轮廓线顺直	20	1	5.26	100.00
合计		170	19	100.00	
合格率		88.82%			

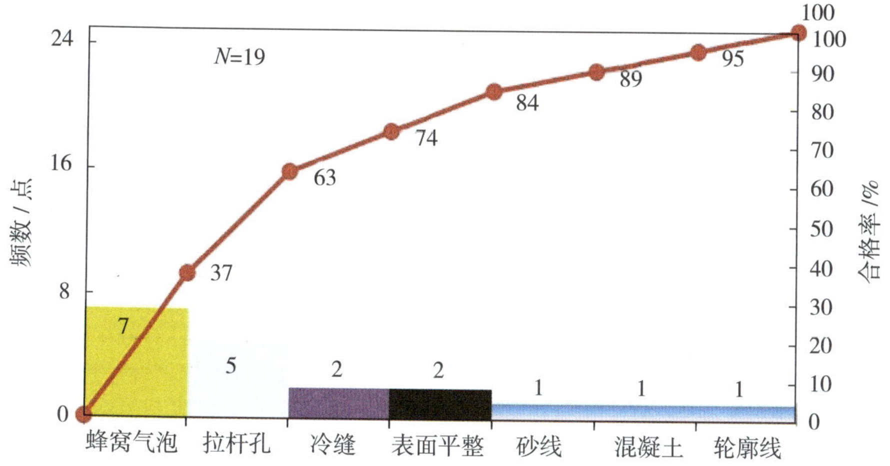

图 5.8　观感质量一次合格率帕累托图

本次 QC 小组活动目标：主桥主塔外观质量检验结果符合设计及规范要求，合格率达到 95% 以上。

5.3.2　原因分析

针对难题，QC 小组组织人员针对主塔外观质量问题原因从人、机、料、法、环等方面进行分析，找到问题的根源，从根源解决问题。经整理绘制原因分析鱼骨图如图 5.9 所示。

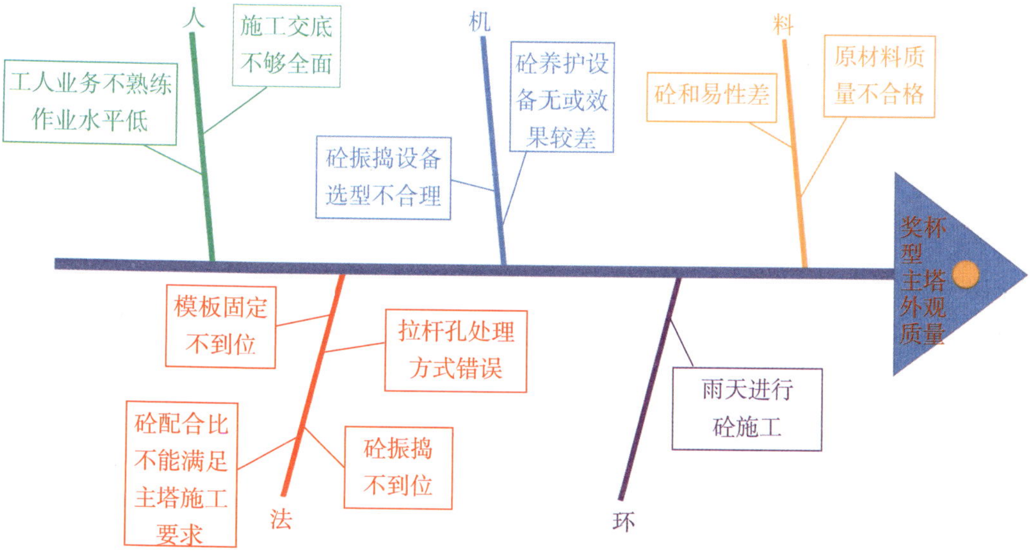

图 5.9　原因分析鱼骨图

表 5.4　要因统计表

序号	末端原因	问题症结	确认内容	结论
1	工人业务不熟练，作业水平低	主塔混凝土表面蜂窝气泡及拉杆孔割除焊烟污染	工人业务不熟练，作业水平低对主塔混凝土表面蜂窝气泡及拉杆孔割除焊烟污染的影响	非要因
2	施工交底不够全面	主塔混凝土表面蜂窝气泡及拉杆孔割除焊烟污染	施工交底不够全面对主塔混凝土表面蜂窝气泡及拉杆孔割除焊烟污染的影响	要因
3	混凝土养护设备无或效果较差	主塔混凝土表面蜂窝气泡及拉杆孔割除焊烟污染	混凝土养护设备无或效果较差对主塔混凝土表面蜂窝气泡及拉杆孔割除焊烟污染的影响	非要因
4	混凝土振捣设备选型不合理	主塔混凝土表面蜂窝气泡及拉杆孔割除焊烟污染	混凝土振捣设备选型不合理对主塔混凝土表面蜂窝气泡及拉杆孔割除焊烟污染的影响	非要因
5	混凝土和易性差	主塔混凝土表面蜂窝气泡及拉杆孔割除焊烟污染	混凝土和易性差对主塔混凝土表面蜂窝气泡及拉杆孔割除焊烟污染的影响	非要因
6	原材料质量不合格	主塔混凝土表面蜂窝气泡及拉杆孔割除焊烟污染	原材料质量不合格对主塔混凝土表面蜂窝气泡及拉杆孔割除焊烟污染的影响	非要因
7	模板固定不到位	主塔混凝土表面蜂窝气泡及拉杆孔割除焊烟污染	模板固定不到位对主塔混凝土表面蜂窝气泡及拉杆孔割除焊烟污染的影响	非要因
8	混凝土配合比不能满足施工需求	主塔混凝土表面蜂窝气泡及拉杆孔割除焊烟污染	混凝土配合比不能满足施工需求对主塔混凝土表面蜂窝气泡及拉杆孔割除焊烟污染的影响	非要因
9	混凝土振捣不到位	主塔混凝土表面蜂窝气泡及拉杆孔割除焊烟污染	混凝土振捣不到位对主塔混凝土表面蜂窝气泡及拉杆孔割除焊烟污染的影响	要因
10	拉杆孔处理方式错误	主塔混凝土表面蜂窝气泡及拉杆孔割除焊烟污染	拉杆孔处理方式错误对主塔混凝土表面蜂窝气泡及拉杆孔割除焊烟污染的影响	要因
11	雨天进行混凝土施工	主塔混凝土表面蜂窝气泡及拉杆孔割除焊烟污染	雨天进行混凝土施工对主塔混凝土表面蜂窝气泡及拉杆孔割除焊烟污染的影响	非要因

经过小组成员对表 5.4 所示的 11 条末端原因进行认真的讨论和分析，我们一致认为造成主塔观感质量较低的主要原因有以下 3 点：①施工交底不够全面；②混凝土振捣不到位；③拉杆孔处理方式错误。

5.3.3　质量对策

针对以上造成主塔观感质量差的主要因素，QC 小组全体成员集体共同探讨调查发现问题、解决问题，最终决定如表 5.5 所示。

表 5.5　问题对策实施表

序号	要因	对策	目标	措施
1	施工交底不够全面	加强三级安全技术交底及每天施工前班前教育、施工后的小队总结	混凝土表面蜂窝、冷缝减少，良品率达到 90%	三级安全技术交底增加可视化交底等方式提升管理人员及工人的施工技术水平
2	混凝土振捣不到位	加大施工人员培训力度，增强质量意识及责任心	混凝土表面气泡减少，良品率达到 90%	选用责任心强、经验丰富的振捣工人，且定人定岗定责
3	拉杆孔处理方式错误	拆模过程中，调整拉杆孔切割方式	拉杆孔混凝土外观无污染	利用锡纸贴方式保护混凝土外观，更改模板拉杆形式

实施 1：针对施工交底不够全面的问题。

由专人组织现场技术员对主塔施工的全部人员进行三级安全技术交底，除了常规的三级安全技术交底宣传外，新增加了 PPT 讲解、施工动画交底的方式。通过使用 PPT 讲解增加现场技术人员及施工人员对主塔施工过程中常见的质量问题的认知，而施工动画演示可以加强现场技术人员及施工人员对主塔的钢筋焊接绑扎、劲性骨架安装、混凝土浇筑、模板安装、混凝土浇筑、模板拆卸、混凝土养护等施工全过程的了解程度。

实施 2：混凝土振捣不到位。

现场通过：①设置混凝土溜槽管，防止混凝土因落差较大造成混凝土离析等情况而影响主塔混凝土外观质量；②通过现场技术员监督，加强混凝土浇筑完成后的振捣作业。

实施 3：拉杆孔处理方式错误。

切除多余的拉杆时，通过在拉杆孔周围粘贴塑料布，防止拉杆在切割过程中产生的烟雾污染混凝土表面。通过设置专门的金属片，可以在修复拉杆孔的同时避免污染周边的混凝土。

5.3.4　质量结果

通过现场实体检测并收集归纳数据，主塔观感一侧合格率由 QC 活动前的 88.8% 提升到 97.8%，已完成 95% 的目标值并超出 1.4 个百分点，本次 QC 活动取得圆满成功。

图 5.10　现场测量主塔外观质量

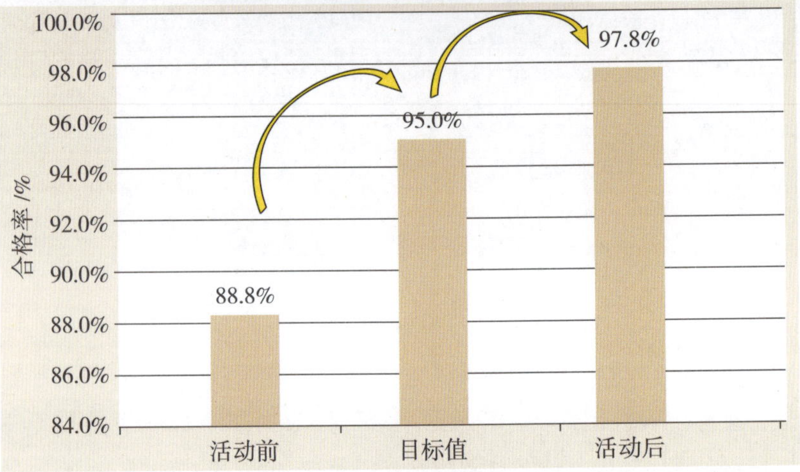

图 5.11　实施前后合格率对比图

5.4　研究小结

第一，设计了适用于双索面预应力混凝土桥塔的脚手架及劲性骨架结构，并进行了安全性分析。提高了施工效率和质量，降低了施工风险和成本。同时，通过进行安全性分析，保障了施工人员的安全，减少了施工事故的发生率。

第二，提出了混凝土浇筑工艺，包括混凝土浇筑前的准备工作、混凝土浇筑工艺、混凝土养护等。规范了施工流程，提高了混凝土浇筑的质量和效率，减少了混凝土浇筑过程中的问题和质量缺陷。

第三，提出了双索面预应力混凝土桥塔的索具安装工艺，包括索具安装前的准备工作、索具安装工艺、索具张拉工艺等。提高了索具安装的质量和效率，减少了索具安装过程中的问题和质量缺陷。

第四，提出了主塔外观质量问题的分析与对策，包括问题症结、原因分析、质量对策等。有效地解决了主塔外观质量问题，提高了工程的整体质量和美观度。

综上，本章研究内容形成的技术成果对于提高施工效率和质量，降低施工风险和成本，以及保障工程质量和美观度等方面都具有一定的量化效益。

第六章　超宽超重大悬臂整体式挂篮结构设计与施工技术研究

6.1　挂篮结构设计与分析

6.1.1　0# 块三角托架设计验算

6.1.1.1　结构设计

主桥主墩标准段尺寸 16 m × 5 m，顶部范围为花瓶墩尺寸扩展为 18 m × 7 m，花瓶曲线半径 45 m、50 m，主墩中部为空腔箱室。三角形型钢支撑架安装在墩身顶部，由樱形桁架、分配梁、主横梁、主纵梁、三角形型钢支撑架、牛腿等部分组成，三角形型钢支撑架横桥向间距 3 × 5 m，纵桥向间距 4 m，高 4.8 m。

承重梁安装采用吊装直接安放在三角形型钢支撑架上，并焊接加固，连接时应使型钢纵梁与托架顶部接触紧密，若存在间隙，应采用薄铁板将其垫稳，同时保证平整度。

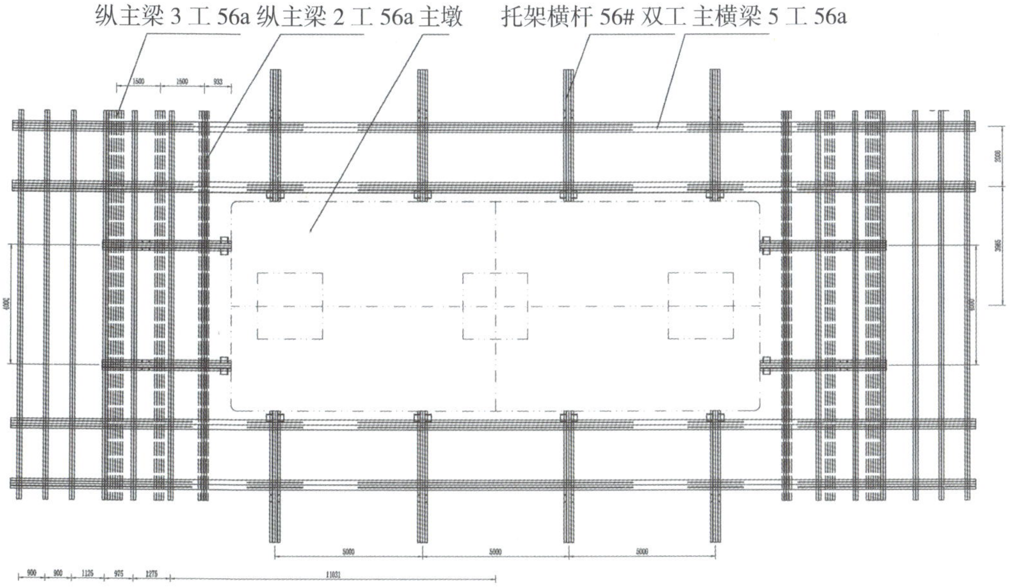

图 6.1　0# 块三角形型钢支撑架平面布置图

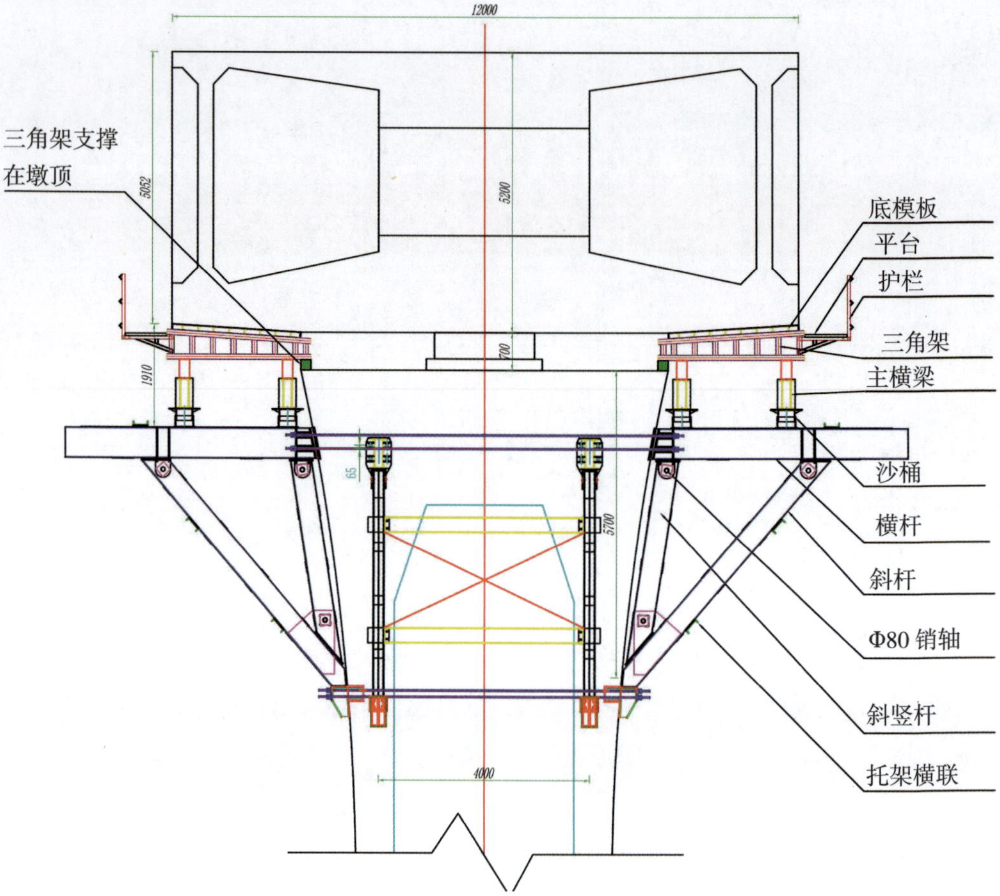

图 6.2　0# 块三角形型钢支撑架侧立面图

双拼工字钢焊接时通过加劲板进行连接并保持上下表面平齐，接头部位应采用外加连接钢板连接，连接钢板的厚度为 14 mm，在吊放纵梁前对柱顶标高进行复查。

采用两点起吊法将承重纵梁安装在侧面三角形型钢支撑架上。当承重梁安装完毕后，分配梁由一半边缘一侧布置 6 根 I56 工字钢分配梁，在纵向分配梁依次安装 10# 槽钢焊接的梯形调坡桁架，调坡桁架与底部横梁进行焊接连接，安装时严格控制其坡度和高程。

6.1.1.2　验算分析

根据施工图纸结合现场实际，确定 0# 块施工采用三角形型钢支撑架。托架水平杆采用 2I56 a，斜杆采用 240 a，竖杆采用 240 a；各三角形型钢支撑架采用 28 a 连接；托架上方设置 2I56 a 主横梁 / 主纵梁，主横梁上方设置 10 楔型桁架承受箱梁底部荷载，翼缘板区域设置 I56 a 纵分配梁承受翼缘板荷载。

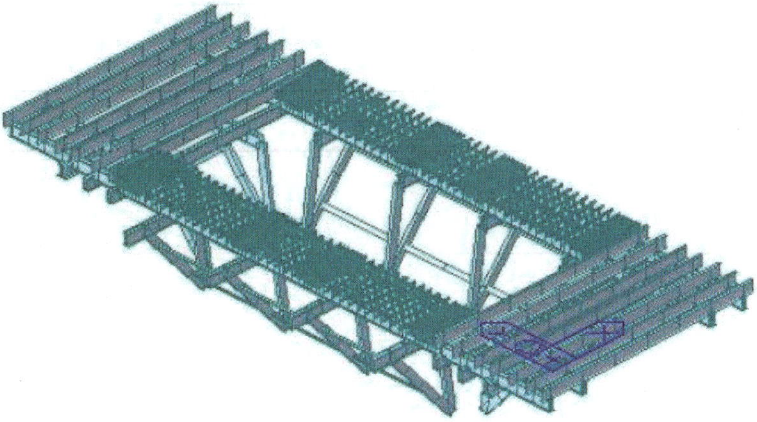

图 6.3　施工图

1. 梁底楔形桁架（10）检算

梁底楔形桁架采用三角形型钢，型号为 10，材质为 Q235，计算结果如下：

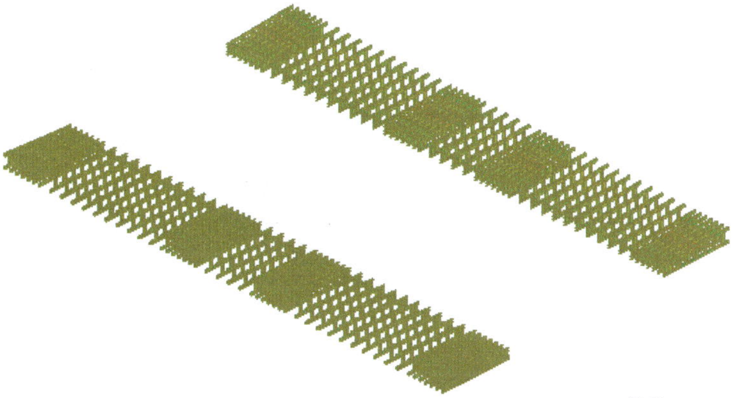

单位：MPa

图 6.4　楔形桁架弯矩应力图

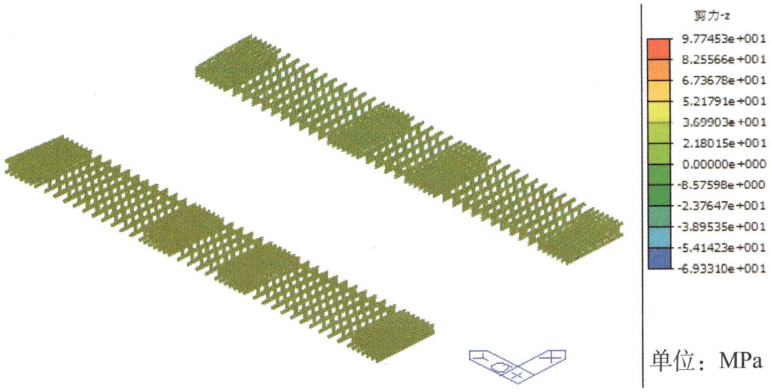

图 6.5　楔形桁架剪力图

最大组合应力为 132.5 MPa<*f*<205 MPa，截面最大剪应力为 98 MPa<*f*<120 MPa，均

满足要求。

2. 托架顶纵分配梁（I56 a）检算

托架顶纵分配梁采用 I56 a 型钢，材质为 Q235。计算结果如下：

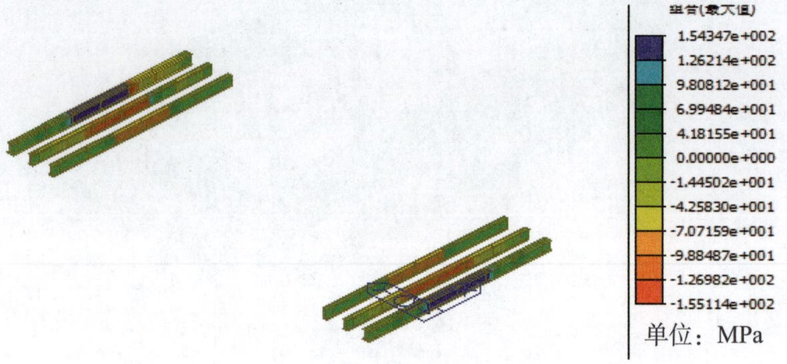

图 6.6　楔形桁架弯矩应力图

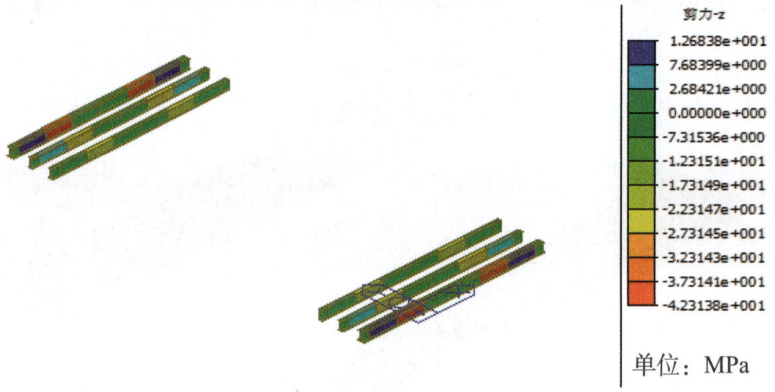

图 6.7　楔形桁架剪力图

最大组合应力为 118 MPa<f<205 MPa，截面最大剪应力为 27 MPa<f<120 MPa，均满足要求。

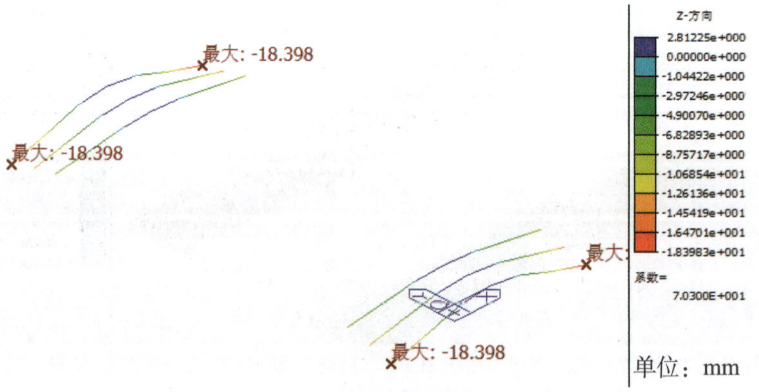

图 6.8　相对挠度图

最大相对挠度出现在跨中为 2.8 mm<7930/400=20 mm，满足要求。

3. 托架顶主横梁（2I56 a）检算

主横梁采用 2I56 a 型钢，材质为 Q235。计算结果如下：

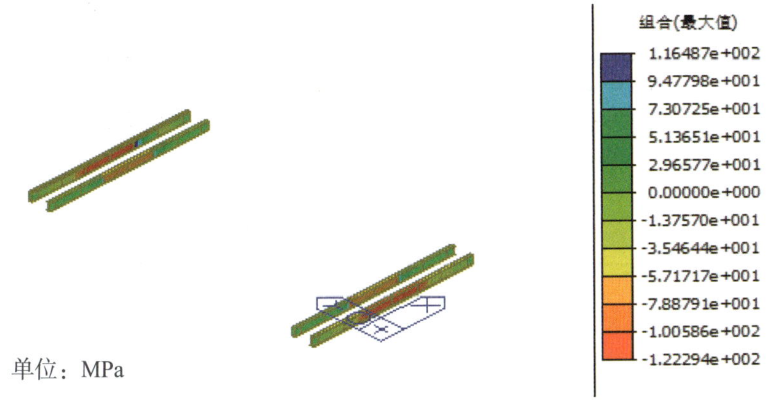

图 6.9　楔形桁架弯矩应力图

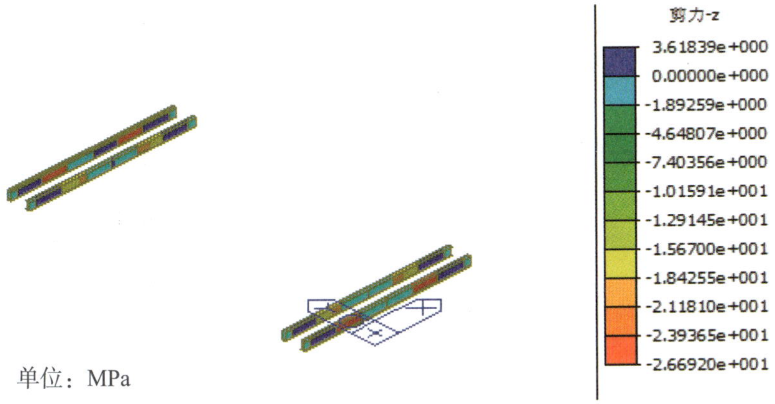

图 6.10　楔形桁架剪力图

最大组合应力为 94.8 MPa<f<205 MPa，截面最大剪应力为 31 MPa<f<120 MPa，均满足要求。

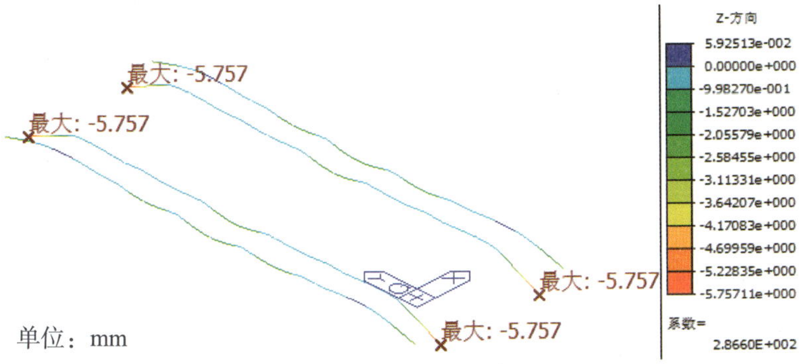

图 6.11　相对挠度图

最大相对挠度出现在悬臂侧为 33 mm<7000/200=35 mm，满足要求。

4. 托架顶主纵梁（2I56 a/3I56 a）检算

主纵梁采用 2I56 a/3I56 a 型钢，材质为 Q235。计算结果如下：

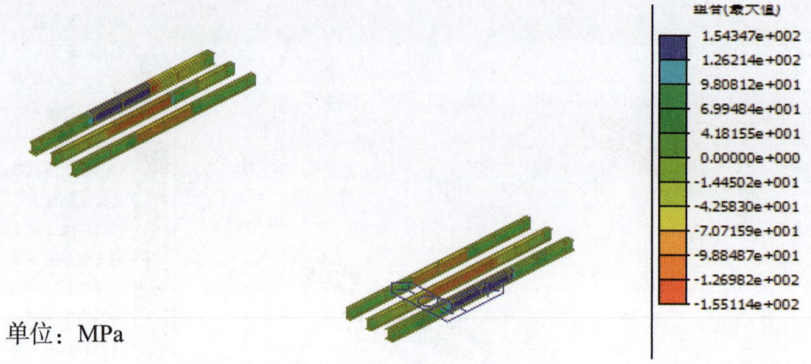

图 6.12　主纵梁弯矩应力图

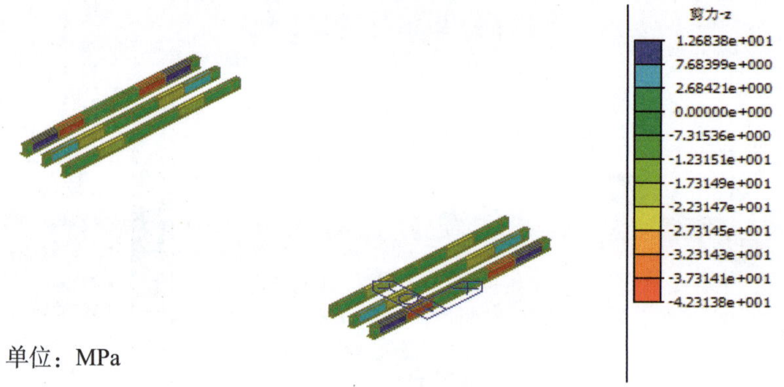

图 6.13　主纵梁剪力图

最大组合应力为 155 MPa<f<205 MPa，截面最大剪应力为 42 MPa<f<120 MPa，均满足要求。

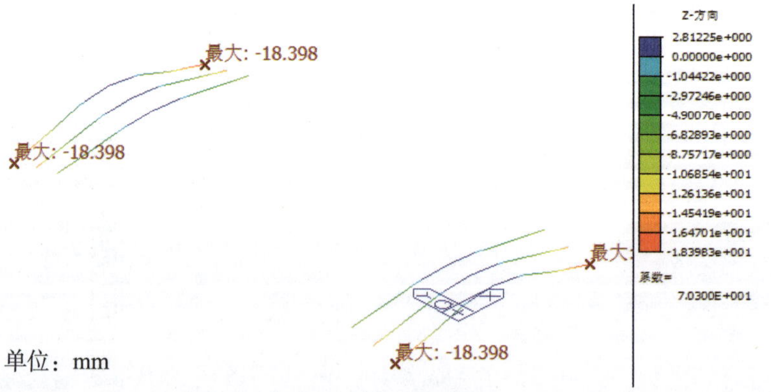

图 6.14　相对挠度图

最大相对挠度出现在悬臂侧为 18.4 mm<4500/200=22.5 mm，满足要求。

5. 三角形型钢支撑架强度检算

第一，水平杆采用 2I56 a 型钢，材质为 Q235。计算结果如下：

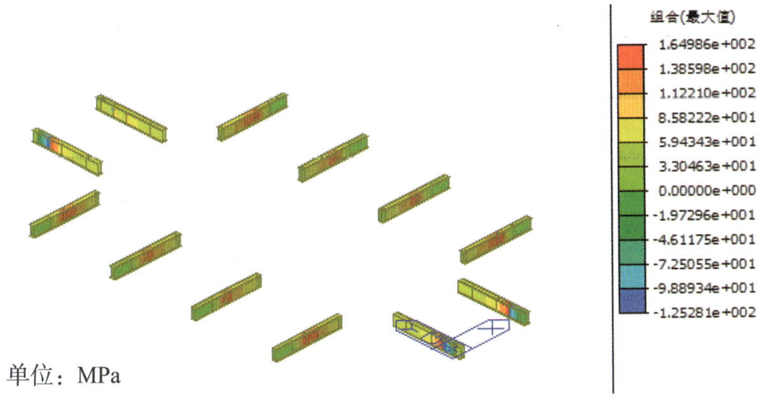

图 6.15　水平杆弯矩应力图

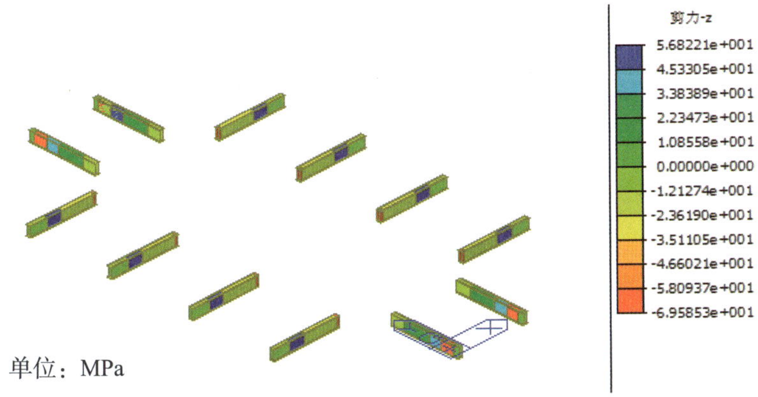

图 6.16　水平杆剪力图

最大组合应力为 165 MPa<*f*<205 MPa，截面最大剪应力为 70 MPa<*f*<120 MPa，均满足要求。

第二，斜杆采用 240 a 型钢，材质为 Q235。计算结果如下：

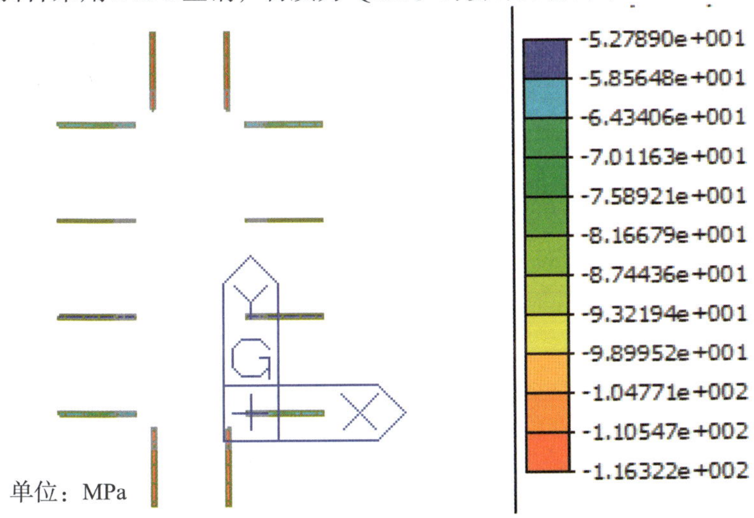

图 6.17　斜杆弯矩应力图

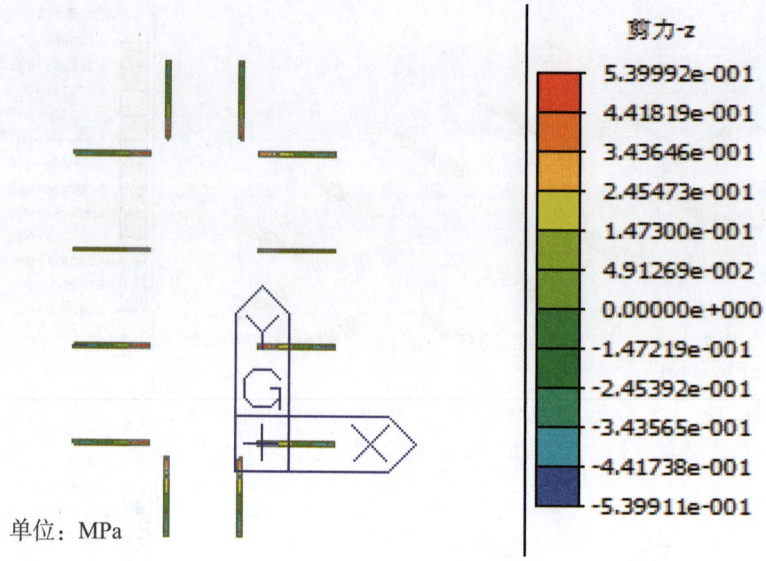

图 6.18　斜杆剪应力图

最大组合应力为 116 MPa<*f*<205 MPa，截面最大剪应力为 54 MPa<*f*<120 MPa，均满足要求。

第三，竖杆采用 240 a 型钢，材质为 Q235。计算结果如下：

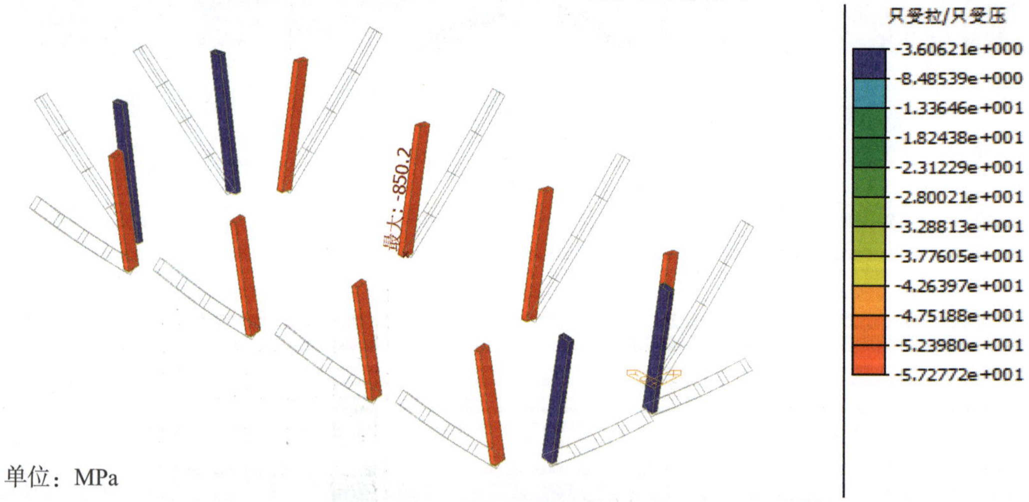

图 6.19　竖杆弯矩应力图

最大组合应力为 57 MPa<*f*<205 MPa，（桁架单元无剪力），满足要求。

6. 横联检算

横联采用 28 a 型钢，材质为 Q235。计算结果如下：

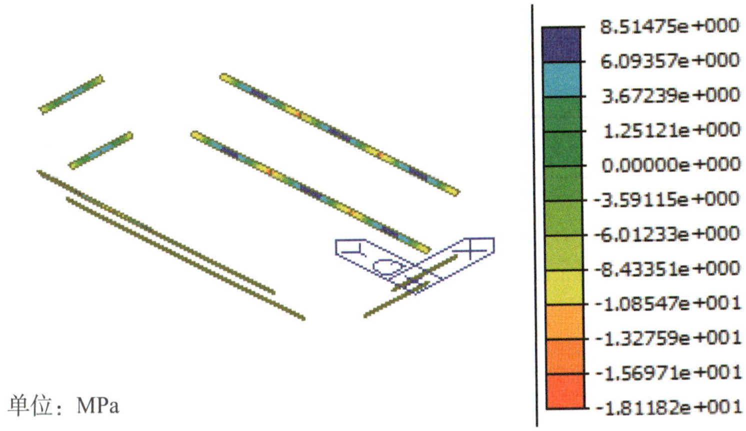

图 6.20 横联弯矩应力图

最大组合应力为 18.1 MPa<*f*<205 MPa，满足要求。

7. 托架稳定性检算

经比较，斜杆较竖杆长且受力大，更不利。

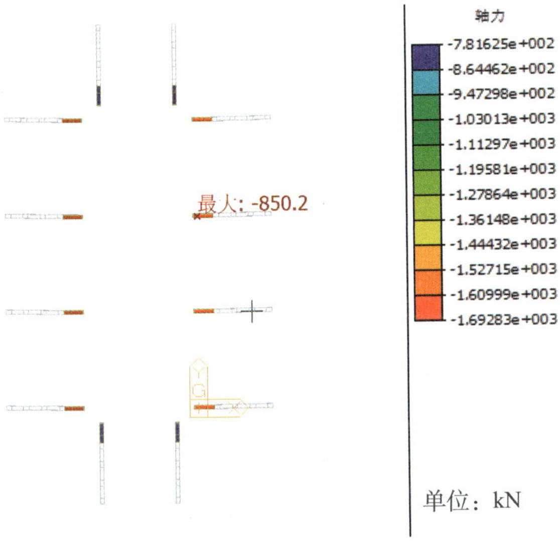

图 6.21 轴力应力图

根据计算成果，240 a 最大轴力 N=1693 kN。

经过多次对材料型号的调整，根据 Midas civil 计算分析，该三角形型钢支撑架结构设计合理，主要材料性能使用率控制在 80% 水平，结构变形符合规范要求，满足现场实际施工需求。

在现场施工技术水平提高的情况下可以进行深度设计，可进一步优化局部杆件尺寸。使杆件受力更合理，提高材料使用性能百分比，减少浪费，获得更大的经济效益。

6.1.2 挂篮结构设计验算

6.1.2.1 结构设计

主桥上部采用主跨 4 × 141 m 预应力混凝土连续箱梁。箱梁断面为单箱三室直腹室横断面。箱梁顶宽 33.56 m，底宽 19.5 m，翼缘板宽 7.03 m，根部梁高 5.2 m，边腹板厚 60 ~ 110 cm，中腹板厚 65 ~ 115 cm，底板厚度为 32 ~ 86.1 cm，边室顶板厚度 30 cm，中室顶板厚度 50 cm。

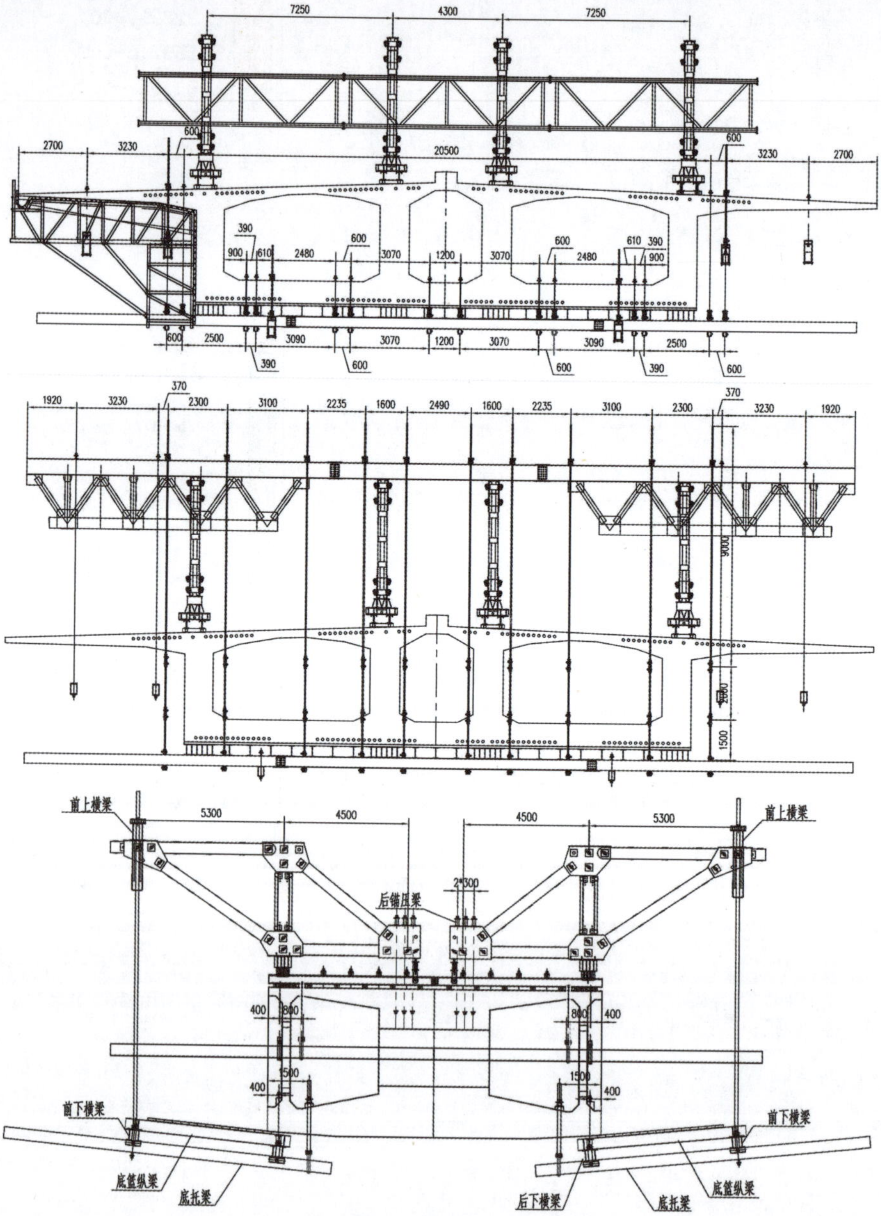

图 6.22 结构设计

箱梁 0# 块在托（支）架上施工，梁段总长 12 m，中合找段长为 2 m；挂篮悬臂浇筑箱梁 1# ~ 5# 块段长 3.0 m，6# ~ 15# 块段长 4 m，16# ~ 17# 块段长 4.25 m，箱梁悬臂浇筑采用菱形挂篮进行施工。

箱梁 0# 块梁段长度为 12 m，具备挂篮拼装起始长度的条件，箱梁 1# ~ 5# 块段长 3.0 m，6# ~ 15# 块段长 4 m，16# ~ 17# 块段长 4.25 m，悬臂浇筑的箱梁中最重块段为 6# 块，重量为 445.465 t；最高块段为 1# 块，重量为 408.9 t；最长块段为 16# 块，长 4.25 m，重量为 352.45 t。

6.1.2.2　验算分析

1. 工况 1 计算结果

第一，整体竖向位移。

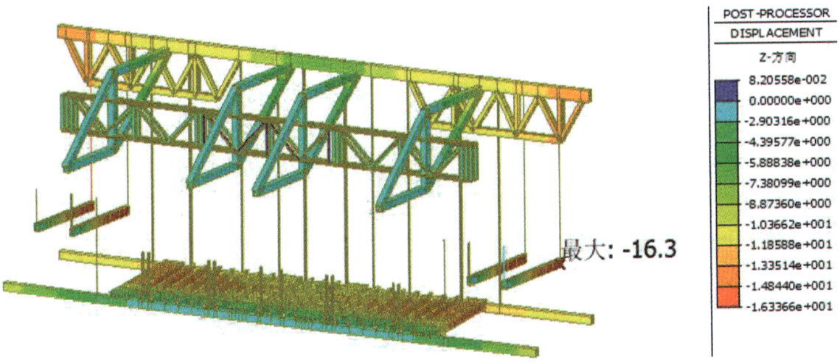

图 6.23　挂篮整体竖向变形图

第二，构件计算结果。

①底篮纵梁（HN400 × 200）。

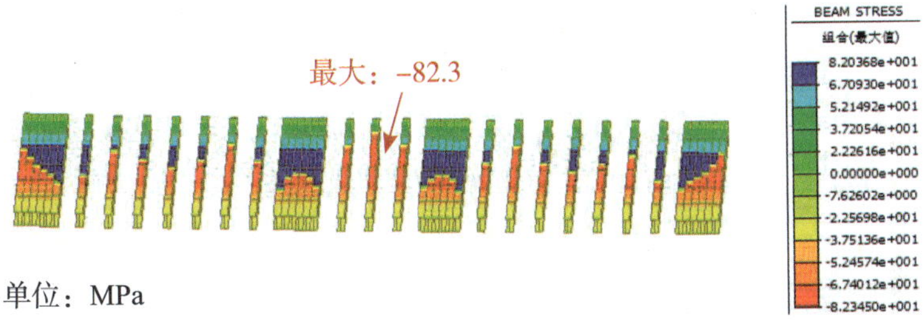

图 6.24　组合应力图

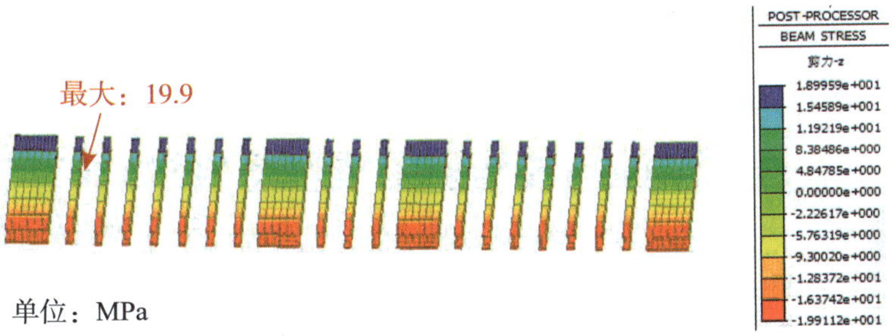

图 6.25　剪力应力图

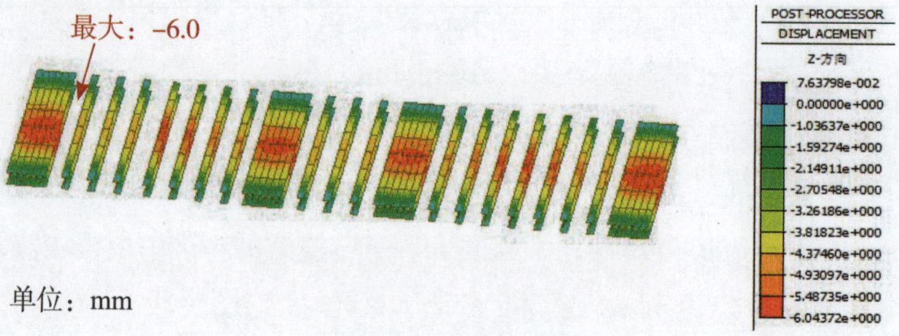

图 6.26　竖向位移图

最大组合应力：σ=117.7 MPa ＜ f_d=215 MPa；

最大剪应力：τ=34.7 MPa ＜ f_{vd}=125 MPa；

竖向位移：Δf=6.8 mm ＜ [Δf]=5300/400=13.25 mm。

底模平台纵梁的强度和刚度满足要求。

②前上横梁（2 HN600 × 200）。

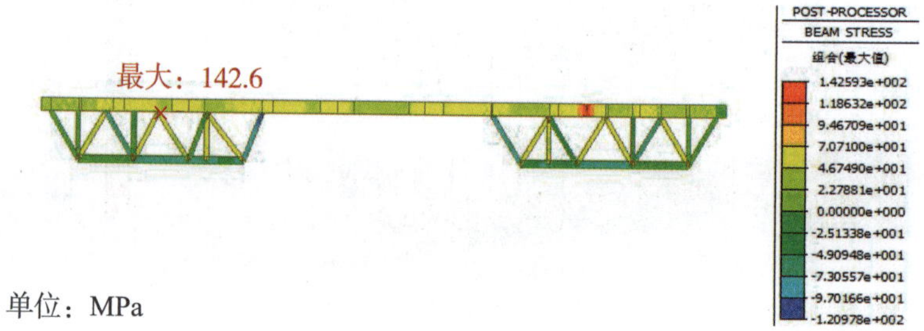

图 6.27　组合应力图

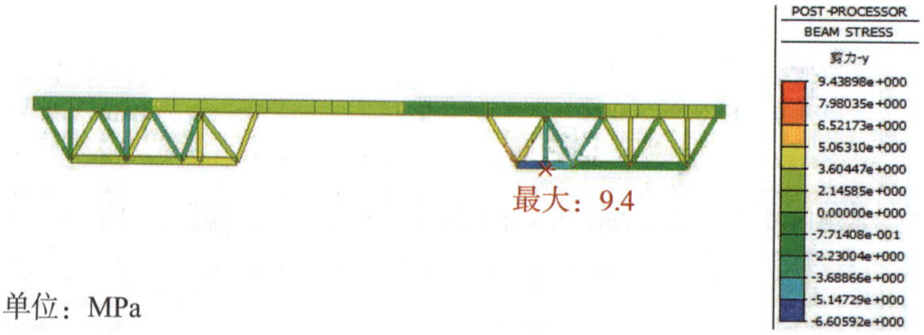

图 6.28　剪力应力图

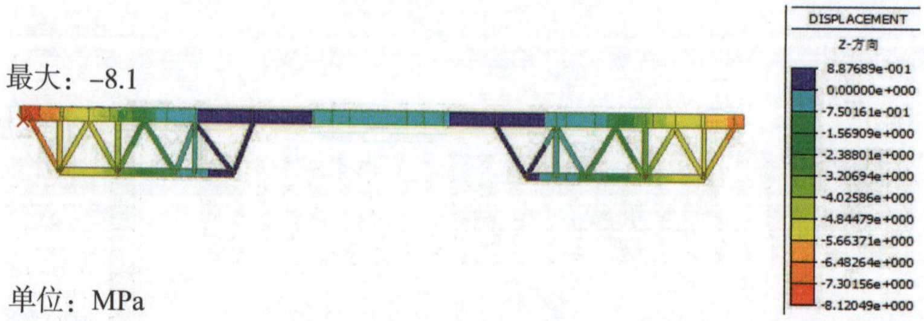

图 6.29　竖向位移图

最大组合应力：σ=96.2 MPa ＜ f_d=215 MPa；

最大剪应力：τ=25.3 MPa ＜ f_{vd}=125 MPa；

竖向位移：Δf=3.7 mm ＜ [Δf]=6600/250=26.4 mm。

前上横梁的强度和刚度满足要求。

③前下横梁（2 HN400 × 200）。

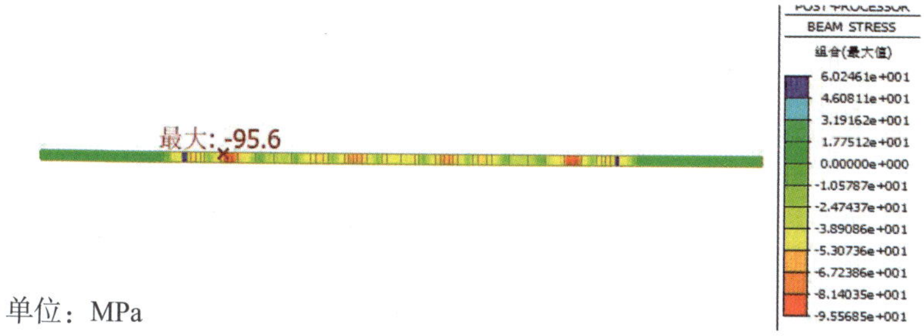

图 6.30　组合应力图

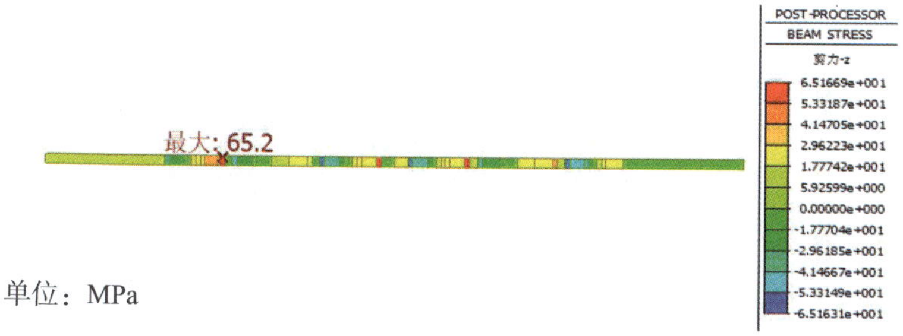

图 6.31　剪力应力图

图 6.32　竖向位移图

最大组合应力：σ=60.2 MPa ＜ f_d =215 MPa；

最大剪应力：τ=34.4 MPa ＜ f_{vd}=125 MPa；

竖向位移：Δf=2 mm ＜ [Δf]=3100/400=7.75 mm。

前下横梁的强度和刚度满足要求。

④后下横梁（2 HN400 × 200）。

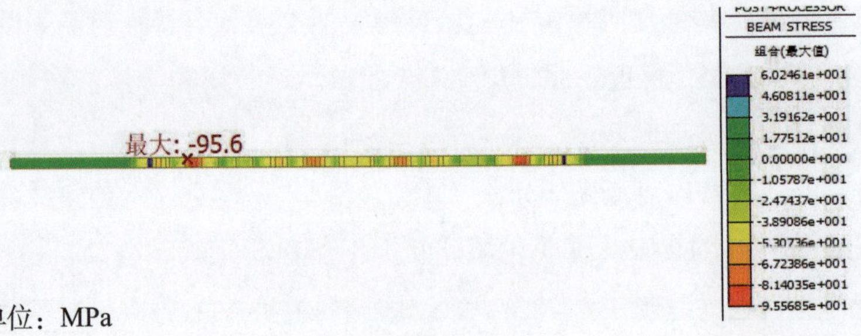

单位：MPa

图 6.33　组合应力图

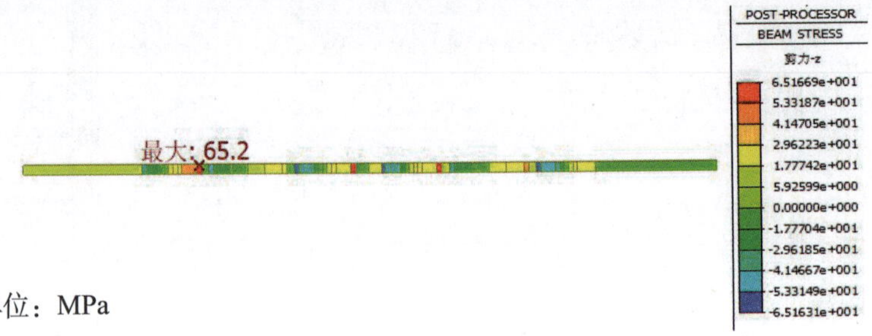

单位：MPa

图 6.34　剪力应力图

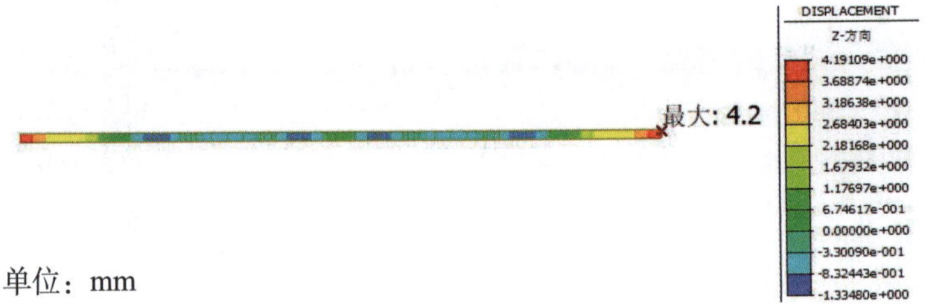

单位：mm

图 6.35　竖向位移图

最大组合应力：σ=95.6 MPa ＜ f_d =215 MPa；

最大剪应力：τ=65.2 MPa ＜ f_{vd} =125 MPa；

竖向位移：Δf=4.2 mm ＜ [Δf]=5750/250=23 mm。

后下横梁的强度和刚度满足要求。

⑤主桁架。

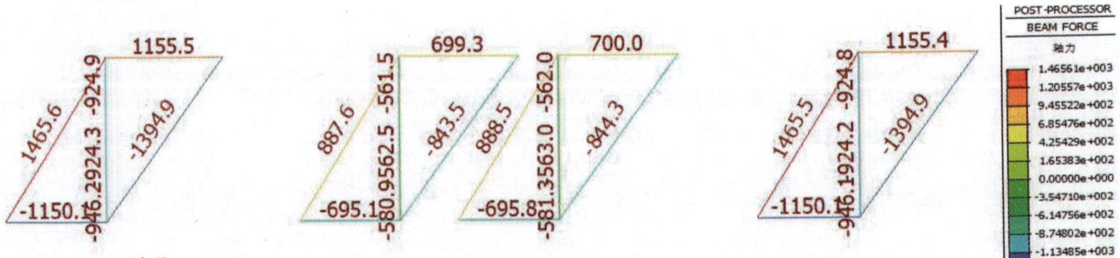

单位：MPa

图 6.36　组合应力图

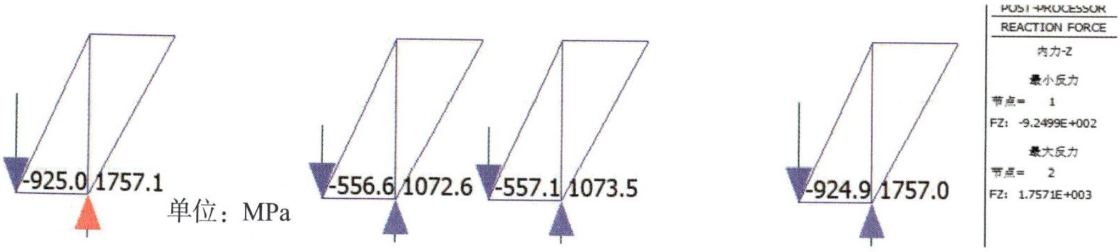

图 6.37　剪力应力图

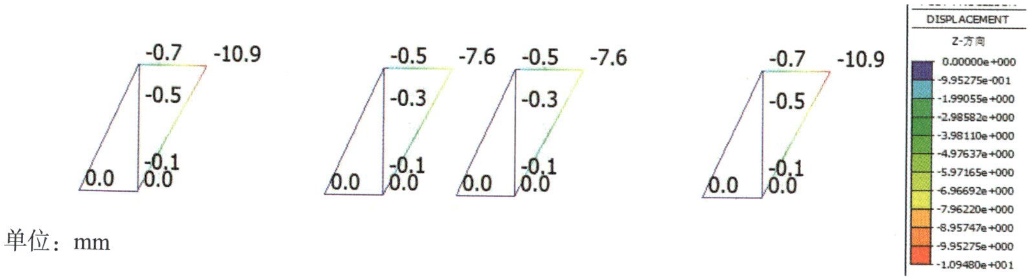

图 6.38　竖向位移图

由计算可得此工况主桁轴力最大为 1465.6 kN，小于主桁杆件许用轴力，满足要求。

⑥精轧螺纹钢吊杆。

图 6.39　轴力图

由计算得箱室内精轧螺纹钢吊杆的最大轴力为 332 kN，可选用 PSB830，40 的精轧螺纹钢可以满足 2 倍安全系数的要求；其他精轧螺纹钢吊杆选用 PSB785，32 的精轧螺纹钢可以满足 2 倍安全系数的要求。

⑦钢吊带吊杆。

图 6.40　轴力图

由计算得钢吊带的最大轴力为 263.3 kN，120 × 40 mm 的钢吊带可以满足 2 倍安全系数的要求。

⑧外滑梁。

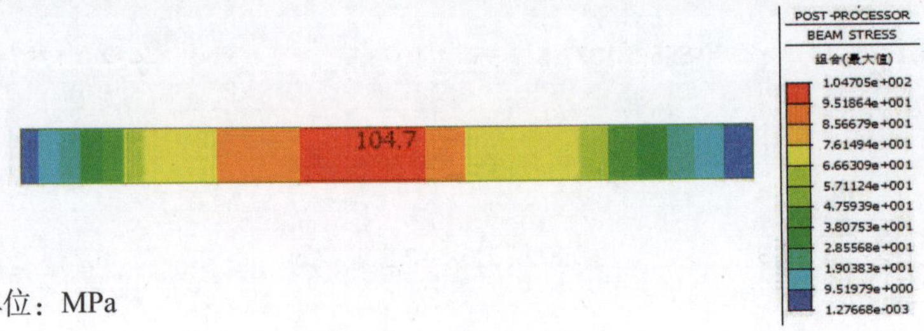

单位：MPa

图 6.41　组合应力图

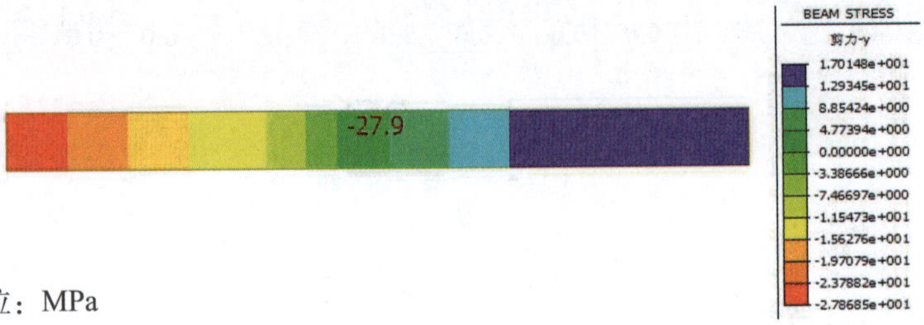

单位：MPa

图 6.42　剪力应力图

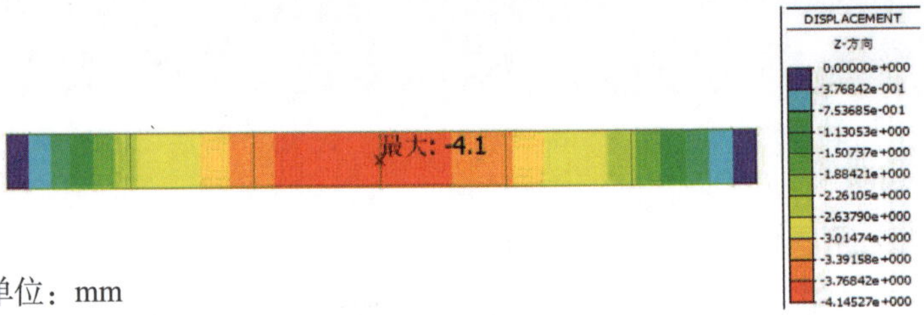

单位：mm

图 6.43　竖向位移图

最大组合应力：σ=104.7 MPa ＜ f_d =215 MPa；

最大剪应力：τ=27.9 MPa ＜ f_{vd} =125 MPa；

竖向位移：Δf=5 mm ＜ [Δf]=5300/400=13.25 mm。

外滑梁的强度和刚度满足要求。

⑨外滑梁。

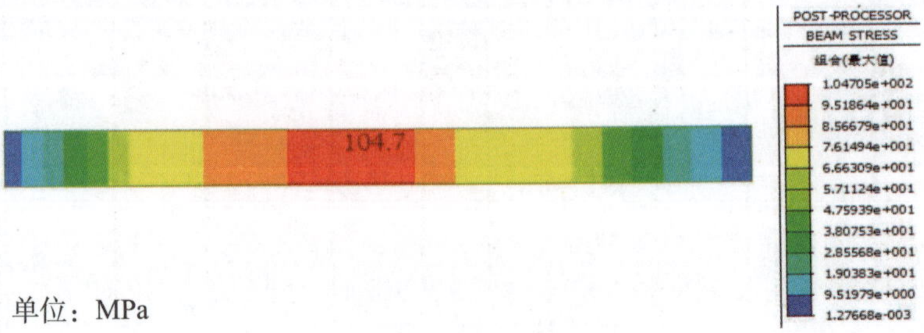

单位：MPa

图 6.44　组合应力图

单位：MPa

图 6.45　剪力应力图

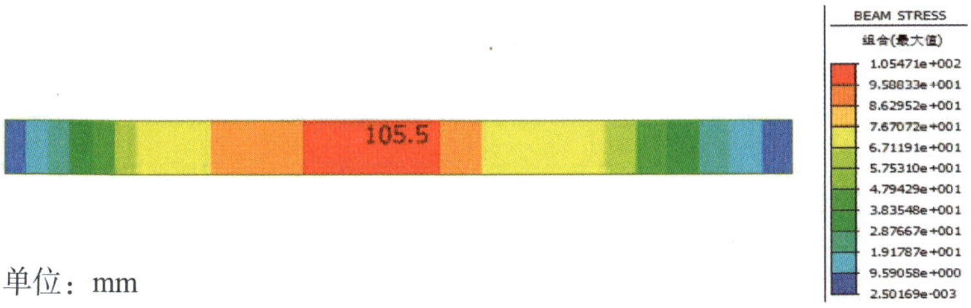

单位：mm

图 6.46　竖向位移图

最大组合应力：σ=105.5 MPa ＜ f_d =215 MPa；

最大剪应力：τ=22.4 MPa ＜ f_{vd} =125 MPa；

竖向位移：Δf=4.1 mm ＜ [Δf]=5300/400=13.25 mm。

外滑梁的强度和刚度满足要求。

2. 计算工况汇总

表 6.1　计算汇总

计算项目		工况 1	工况 2	工况 3	工况 4
整体竖向位移 /mm		–18.6	–18.8	–16.3	—
底篮纵梁	最大组合应力 /MPa	117.7	113.6	82.3	—
	最大剪应力 /MPa	34.7	27.2	19.9	—
	竖向位移 /mm	6.8	8	6	—
前上横梁	最大组合应力 /MPa	96.2	128.4	142.6	—
	最大剪应力 /MPa	25.3	10.1	9.4	—
	竖向位移 /mm	3.7	6.7	8.1	—
前下横梁	最大组合应力 /MPa	60.2	74.6	71.4	—
	最大剪应力 /MPa	34.4	49.5	43	—
	竖向位移 /mm	2	2.1	1.8	—
后下横梁	最大组合应力 /MPa	95.6	87	68.9	59.8
	最大剪应力 /MPa	65.2	59.6	46	5
	竖向位移 /mm	4.2	4	2.3	8.8
主桁架	最大轴力 /kN	1465.6	2053.6	2233.2	—

表 6.1（续）

计算项目		工况 1	工况 2	工况 3	工况 4
精轧螺纹钢吊杆	最大轴力 /kN	332	302.5	225.6	65
钢吊带吊杆	最大轴力 /kN	263.3	299	325.1	49
外滑梁	最大组合应力 /MPa	104.7	129.7	132.9	58.1
	最大剪应力 /MPa	27.9	31.5	31.9	8.2
	竖向位移 /mm	5	6.3	6.5	0.8
外滑梁	最大组合应力 /MPa	105.5	130.7	134	26.8
	最大剪应力 /MPa	22.4	25.3	25.6	3.8
	竖向位移 /mm	4.1	5.2	5.4	1.3
底托梁	最大组合应力 /MPa	—	—	—	102.6
	最大剪应力 /MPa	—	—	—	3.5
	竖向位移 /mm	—	—	—	16.6

3. 抗倾覆性稳定计算

第一，浇筑工况。

工况 1 中单片主析受到前上横梁传递的最大力为 785.4 kN，工况 2 中单片主析受到前上横梁传递的最大力为 1103.3 kN，工况 3 中单片主析受到前上横梁传递的最大力为 1200.6 kN，这里工况 3 起控制作用。单片主析自重为 59.6 N。将吊带和吊杆的内力施加在前上横梁节点上，使得单片主析受到前上横梁传递的力如图 6.48 所示。

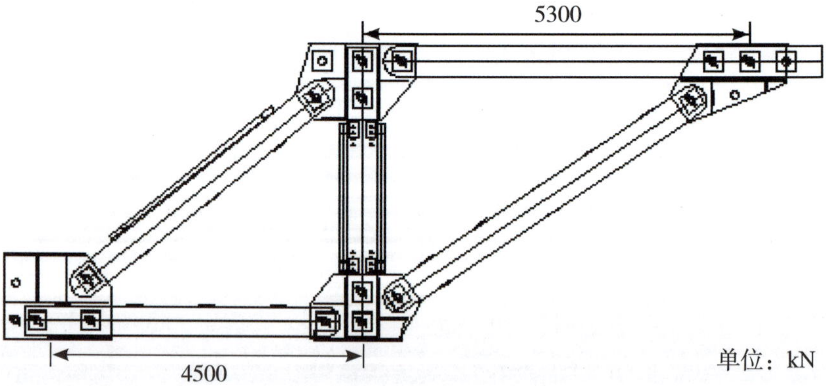

图 6.47　主桁前端受到的压力图

单根 $\Phi32$ 精轧螺纹钢抗拉力为：N=670×804/1000=538.6 kN，一片主桁共 6 根 $\Phi32$ 精轧螺纹钢，则抗倾覆系数为：

$$k=\frac{M_k}{M_f}=\frac{6\times538.6\times4.5+59.6/2\times(4.5/2)}{1200.6\times5.3+59.6/2\times(5.3/2)}=2.2>2$$

抗倾覆满足要求。

第二，行走工况。

工况 3 下主桁受到的反力为 266.7 kN，小于反口轮所能承受的极限荷载 610 kN，满足要求。

6.2　挂篮悬臂浇筑施工关键技术

6.2.1　施工条件

第一，箱梁采取挂篮悬臂浇筑施工，梁体采用 C55 高标号混凝土；采用输送泵长距离泵送入模，T 构最大施工悬臂长度为 63.5 m，最大悬浇重量为 445.46 t。

第二，主桥箱梁挂篮悬浇施工过程中，混凝土防裂控制是本工程的重点，尤其应重视大悬臂翼板的防裂。

第三，主桥箱梁钢绞线工程数量较大，采取何种措施保证预应力张拉及压浆工程施工质量及进度，满足生产需求是本工程的重点。

第四，混凝土采用拌合站集中拌制，利用泵送混凝土进行箱梁浇筑施工．严格控制混凝土的工作性能是重点。

第五，劳动密集，施工难度大；全桥均为高空作业，人员密集，工艺繁杂，所有工序的施工安全管理是难点。

第六，桥梁为部分斜拉桥，桥梁线性受到斜拉索及 T 构共同影响，桥梁线性要求较高，桥梁监控测量工作要求大，且梁顶铺装层较薄，对顶面高程及线形控制是本桥悬臂浇筑施工的重难点。

6.2.2　方案比选

针对本项目实际情况，需要采用一种施工迅速、安全可控且成本相对低廉的挂篮悬浇及合龙段施工方法。根据国内的施工经验，分别对三角挂篮及菱形挂篮进行比选。

表 6.2　挂篮优缺点对比

挂篮形式	结构特点	操作安全性	材料用量	备注
菱形挂篮	吊点高度高，操作空间大，挂篮前端跟中部工作面开阔，便于挂篮轨道、箱梁钢筋及竖向预应力筋的安装	操作方便、就位准确，走行平稳，操作人员劳动强度低，安全性能好	挂篮自重轻，用钢量较少	推荐
三角挂篮	吊点高度低，施工空间有限，操作实施难度大	操作难度大，操作人员劳动强度高，安全性能低	挂篮自重大，用钢量较多	

因此，项目沙颍河特大桥主桥挂篮悬浇选用菱形挂篮进行施工。

6.2.3 施工要点

6.2.3.1 工艺流程

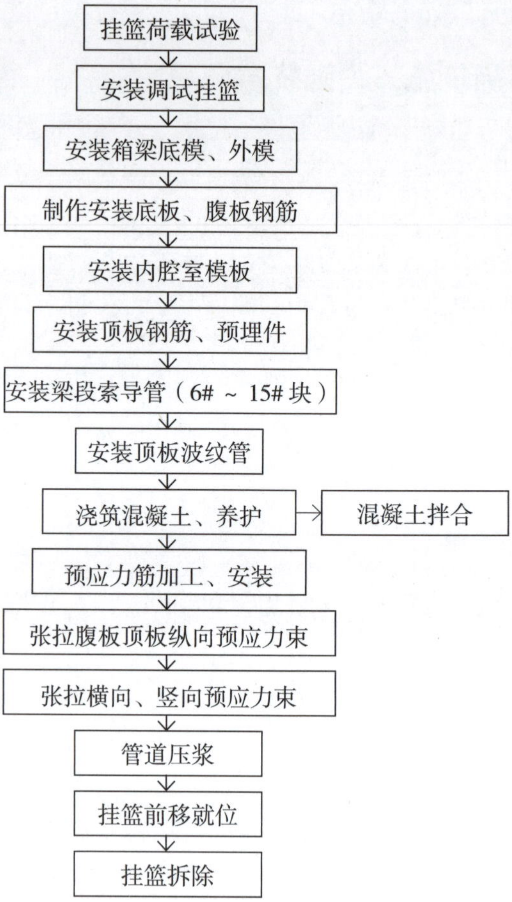

图 6.48 施工流程

6.2.3.2 挂篮安装

1. 轨道安装

放出挂篮行走轨道轴线安装轨道垫梁（轨道垫梁下用水泥砂浆找平）、精确设置每组轨道间距（图纸无特别说明时一般为 60 cm）并操平垫实。严格控制两组轨道间的中心距与图纸设计一致。轨道安装要顺直，轨道顶面要保持水平，两组轨道的高差不得大于 5 mm。

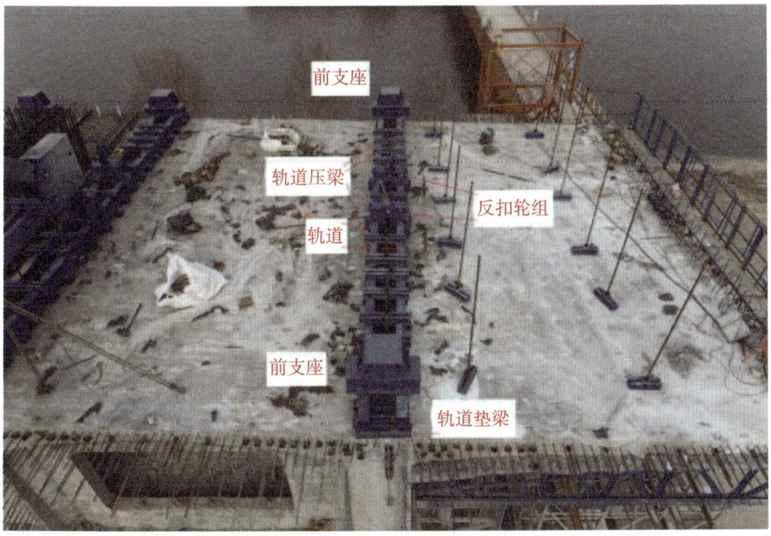

图 6.49　轨道安装及锚固图

利用预埋的竖向精轧螺纹钢把轨道压紧（轨道顶面锚固利用轨道压梁、螺母和垫板），采用合格的连接器把竖向精轧钢筋接长到能锚固到轨道的长度（精轧螺纹钢筋连接器要对半连接），最后用长尺复核轨距。每 2 m 轨道锚点不少于 2 处，螺母拧紧的力矩要求 1000 N · m，轨道压梁要垂直锚固轨道。

2. 安装主桁系统

挂篮主桁架由 5 根杆件和 4 个节点箱体组成，安装时，在现场组拼好后用塔吊进行吊装，组件间采用销轴销接。

第一，主桁架安装前先在轨道上安装反扣轮组和前支座，使其分别位于轨道合适的位置处，同时设置临时后支座（安装现场准备）。前支座也可与主桁前支座箱体连接好后整体吊装到位。

第二，以轨道为基准放出主桁安装轴线及平面位置调整挂篮前支座位置（箱梁施工前主桁的前支座下安装临时钢支撑的支撑面平整，必须能够承受挂篮及最大块段混凝土施工时的重量。轴式前支座只在挂篮行走时受力，箱梁施工时不受力）。单片主桁片上的杆件与节点箱体在地面上先组拼成一个菱形整体。

第三，在后锚节点箱体下设置临时后支座，三脚架吊装就位，为保证单片三角桁架的稳定，首先安装反压装置并在一片主桁上用 10 t 葫芦拉住收紧，使其稳定并调整主桁架的左右垂直度，各片主桁在纵向一定要平齐（各片主桁架在纵向上前后误差不大于 1 cm）。后锚及时压紧保证纵向稳定，横向的 2 t 葫芦收紧保证纵横向稳定。

第四，在竖向杆件的两侧先安装不等边定位角钢，用螺栓与主桁片上的竖向杆件连结，螺栓要拧紧。定位角钢安装完成后，吊装横向平联桁架，先临时固定一片（竖向杆件下方节点箱顶面支撑桁架），再吊装另一片，临时采用两只手拉葫芦在竖向杆件两侧固定，用横向支撑架或纵向连接杆把两片桁架连成整体，横向连接桁架的上下水平杆，与固定在竖向杆件上的不等边角钢接触处满焊，横向连接片不得与竖向杆件焊接。桁架在没连接成型前要有牢固的临时支撑，保证桁架体系的整体稳定。

图 6.50　主桁架临时固定

3. 安装底篮

第一，后下横梁安装。

先在地面较平整的地方根据设计图纸尺寸安装横梁 T 型吊架，用垫块把横梁垫高 30 cm，尽量放置水平，参照挂篮设计图纸在横梁底下相应位置放入 T 型吊架的横担，然后把 T 型吊架的竖杆下端对准插入横担的销孔之间打插销孔；将吊具下端（设有销孔）伸入 T 型吊架上端销孔之间插上吊具销轴，设好保险插销。吊具上端拧入吊杆拧满吊具螺纹（长度 11 cm），在吊具上口划线做好标记便于每次检查吊杆拧入位置。挂篮后下横梁吊点分别设有短吊杆和长吊杆，必须先安装中间的短吊杆，使底板贴紧后再提升两侧的长吊杆，以保证底板底面线形美观，箱梁底板吊杆上、下面用铁件垫平。

第二，安装前上横梁、前下横梁。

前上横梁要调整水平并焊接在桁架前端节点箱体的临时钢板上（节点箱体顶面设有一块过渡钢板用于连接前上横梁）。前下横梁的构造、安装与后下横梁一样。

起吊前下横梁（相应的横梁吊具安装好），用两只手拉葫芦临时吊住，把安好的前上横梁吊带固定在横梁吊具中，利用前吊带调节前下横梁高度。

第三，安装底纵梁。

按设计的位置逐根安放纵梁，与前后下横梁点焊固定，确保前后横梁的间距，保证吊杆的垂直受力。在纵梁跨中、纵梁底部横向设置一根小槽钢与纵梁点焊，加强纵梁的横向稳定性。

第四，安装底模及侧模。

将侧模运至现场用起重设备提升侧模。提升到位后临时放在底篮的外侧纵梁上；临时固定穿好吊杆把导梁、滑梁水平穿插在侧模板上；导梁前端吊在前上横梁上，导梁后端吊在箱梁上。后端有两支吊架，承重吊架安装在前，滚动吊架安装在后。

图 6.51　外滑梁安装

图 6.52　底模安装

导滑梁前端与吊杆连接，吊杆穿过导滑梁在下端用垫板螺母连接，吊杆螺母下至少留有 5 cm 以确保安全。

挂篮使用的侧模板和 0# 块模板为整体时，侧模板在 0# 块上也可不拆到地面上，可以先在侧模骨架上插入外导（滑）梁，前端用吊杆吊在前上横梁上，后端吊挂在箱梁上（箱梁翼板上要提前预留孔，预留位置要准确），在导滑梁上拉动侧模板前移到挂篮位置。

第五，平台安装。

挂篮的操作平台分为主桁通道、前上横梁操作平台、后下横梁操作平台和底篮侧面通道。

操作平台杆件均为标准式杆件，重量较轻，安装方便，拼装连接采用螺栓。安装顺序为：先安装平台底框架和栏杆，然后在框架上铺钢格板，再安装侧面栏杆扶手。

前上横梁操作平台的安装：直接将各构件在前上横梁上分步安装，将平台的所有杆件分类吊装到已浇箱梁顶面上，工作人员系好安全带到挂篮前支点处横梁位置，固定安全带，起重设备吊装平台挑梁。工作人员按照图纸先安装支点位置处平台挑梁，先安装两道挑梁铺好钢格板，再在钢格板上站定作为临时平台，分别向两个方向安装平台挑梁，安装一道挑梁装一块钢格板，再安装扶手栏杆直至安装完成。

主桁爬梯及通道的安装：主桁爬梯和通道分别采用现场拼装成整体后吊装到位。

底篮侧面平台的操作平台采用在现场拼装好后整体吊。现场准备好安装操作平台所需的机械设备和各种相关机具。在施工现场就近位置找一块平整场地，把底篮侧面操作平台杆件按照设计图纸拼装成一整体。将操作平台整体吊装到前下、后下横梁上，为防止向后下滑将平台纵梁与下横梁临时点焊固定，安装人员在平台上用连接构件把平台纵梁与下横梁连接牢固。

后下横梁操作平台的安装：在安装挂篮后下横梁时将操作平台，按照设计图纸在下横梁相应位置上，组装好同后下横梁一起整体吊装到位。

6.2.3.3　混凝土浇筑

在混凝土浇筑前，清理侧模、底模表面的锈蚀、污渍、杂物（焊条头、焊渣、大块焊瘤、扎丝等）；模板接缝处贴双面胶，保证模板接缝密实、无错台。检查各种预留孔洞（挂篮锚固孔、泄水孔、排气孔、竖向预应力压浆孔等）及预埋件（观测用钢筋等）的位置及数量，确保位置及数量准确无误。

在浇筑过程中，避免踩压波纹管，防止变形，否则影响穿束和张拉。同时，时刻注意检查托架各部件有无明显变形，上下层型钢接触点有无明显位移，模板连接螺栓有无松动，模板拉杆有无松动或拉断，有无明显胀模漏浆，如发现上述异常现象，立即采取相应措施加固处理。

为保证箱梁顶面与桥面铺装层的结合质量，箱梁顶面进行拉毛处理。

混凝土质量必须设置双控系统。即搅拌机出盘质量控制和现场入模前的质量控制。现场与搅拌站要有畅通的通信手段，以便随时调整浇筑速度及混凝土性能。

图 6.53　混凝土浇筑

混凝土浇筑施工用机械和原料在施工前准备充分，以保证浇筑的连续性。

混凝土浇筑过程中要按试验规定留取足够的试件，并要与悬浇段同条件养护。

在顶板浇筑后，应切实注意梁段内外的洒水养护，避免内外温差大而导致混凝土开裂。

6.2.3.4　预应力施工

1. 预应力筋下料、穿束

钢绞线下料前应计算好钢绞线的下料长度，钢绞线下料切割在特制的下料槽内切割，钢绞线切割时采用砂轮机，不得使用氧切割，下好的钢绞线要编号存放，防止不同长度的钢绞线混用，在移动钢绞线过程中，抬吊点间距不得大于 3 m，两端悬出长度不大于 1 m。

预应力钢筋束由多根钢绞线组成，防止互相缠绕。施工时应对钢绞线进行编束，编束应在平地上进行，使钢绞线平直。每束内各根钢绞线按编号顺序摆放。每间隔 2 ~ 3 m 用 18–22 铁丝扎一道，铅丝扣向内，以免影响穿束。

穿束前，应检查锚垫板及预留孔道，如有偏差，应采取措施适当定位，并清除孔道内的水分和杂物，确保管道畅通。

钢绞线穿束采用整束牵引，用塑料板按其钢绞排列位置打孔，做成穿束器，钢绞线穿入穿束器中，用钢绞线牵引，用卷扬机牵引直到两端露出足够的长度为止，在穿束过程中，钢束不得转动，应平直通过孔道，穿束后检查两端钢绞线编号，其位置是否正确，如不正确，应调整一致，穿束后，钢束应在管道内能自由滑动。

操作要点如下：①钢绞线切断要用砂轮机，以保证切口平整、线头不散。②钢绞线采用整体穿束，编束时每隔 2 ~ 3 m 绑扎一道铁丝，所用铁丝打结应向一个方向，铁丝扣要打入铁丝束间隙中，以防刮破波纹管。

2. 预应力张拉

预应力混凝土张拉必须在混凝土强度达到 90% 后，混凝土龄期不小于 7 d，方可张拉预应力钢束，张拉采用全自动智能张拉控制系统，严格按设计顺序、张拉控制应力及工艺进行，并保持对称、均匀、同步张拉。波纹管孔道压浆采用智能压浆工艺，压浆材料采用高性能灌注材料。有索梁段在斜拉索张拉前必须完成张拉压浆及封锚施工。

施加预应力要求张拉吨位与引伸量双控，张拉锚下控制应力按图纸执行。引伸量允许误差应控制在 ±6% 以内。如果引伸量超过允许误差，应停止张拉，查明原因。每束钢绞线断丝不超过 1 根，同一断面的断丝率不得大于 1%，且不允许整根钢绞线拉断。设计图中所给引伸量未计钢束工作长度部分引伸量，施工时应特别注意。预应力锚具下混凝土必须确保振捣密实。

3. 预应力管道注浆、封锚

第一，压浆顺序宜先压底层孔道。压浆应缓慢、均匀地进行，不得中断，并应将所有最高点的排气孔依次一一打开和关闭，使孔道内排气通畅。

第二，压浆的压力宜为 0.5 ~ 0.7 MPa，压浆的充盈度应达到孔道另一端饱满且排气孔排出与规定流动度相同的水泥浆位置，关闭出浆口后，宜保持一个 0.5 MPa 的稳压期，保持时间宜控制在 3 ~ 5 min。

第三，压浆后通过检查孔抽查压浆的密实情况，有不实情况及时处理。

第四，压浆时，每一工作班应制作留取不少于 3 组尺寸为 40 mm × 40 mm × 160 mm

的试件，标准养护 28 d，进行抗压强度和抗折强度试验，作为质量评定的依据。

在孔道压浆完成后，及时做好压浆记录并清理现场，进行封锚。封锚前，在预应力张拉槽口补焊设计采用的钢筋。封锚混凝土标号与箱梁混凝土标号一致，且宜为微膨胀混凝土。

张拉完成后应尽快进行孔道压浆，压浆顺序由一端向另一端压浆，从低处向高处压浆，水泥浆标号按设计要求使用，孔道压浆采用智能压浆工艺。

6.3 挂篮施工质量控制关键技术

6.3.1 目标确定

小组成员在 2022 年 9 月 10 日至 2022 年 9 月 24 日，对已施工完成的沙颍河特大桥 5# 墩 15# 块，6# 墩 6# 块，7# 墩 3# ~ 4# 悬浇块，8# 墩 11# 块，9# 墩 11# 块，进行检查发现存在以下问题：混凝土表面颜色不一致、混凝土表面出现麻面、箱梁中线偏差、箱梁高程偏差、箱梁挂篮行走左右偏差和节段错台的问题。

表 6.3 悬臂施工问题

序号	检查项目	允许偏差	5–15	6–6	7–3	7–4	8–11	9–11
1	混凝土表面颜色不一致	一致	良好	良好	较差	一般	一般	一般
2	混凝土表面出现麻面	光滑	良好	一般	一般	较差	良好	一般
3	箱梁中线最大偏差 /mm	14.1	10	12	13	15	7	9
4	箱梁高程最大偏差 /mm	28.2	8	9	29	13	9	17
5	箱梁挂篮行走左右偏差 /mm	200	30	35	60	55	45	40
6	节段错台 /mm	5	3	2	4	3	2	1

结论：由表 6.3 可知悬浇箱梁存在的问题主要是箱梁中线偏差、高程偏差。

根据《公路工程质量检验评定标准 第一册 土建工程》的要求：悬臂浇筑完成后轴线偏位为（≤ L/10000）即≤ 14.1 mm，顶面高程规定值或允许误差为（± L/5000）即 ± 28.2 mm。

目标设定：后续挂篮悬浇变截面箱梁外观内实外美，悬浇箱梁高程偏差合格率 95%；平面位置偏差合格率 95%。

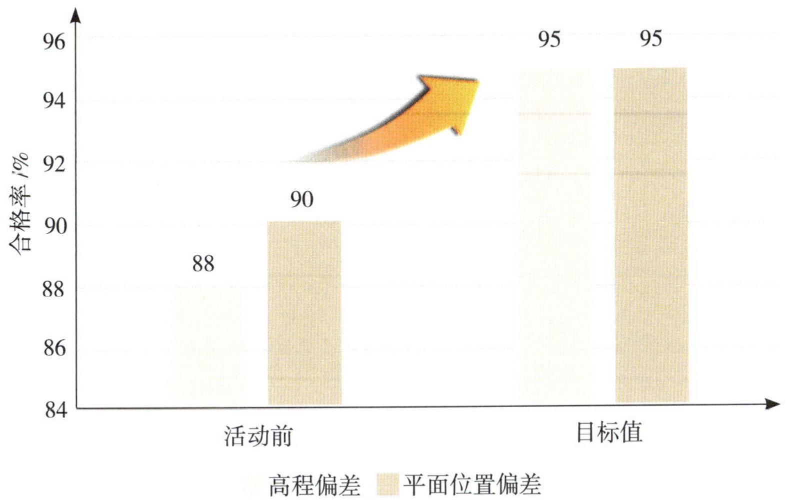

图 6.54　悬浇挂篮施工质量控制 QC 活动目标图

6.3.2　原因分析

针对难题，QC 小组组织人员针对大悬臂变截面 PC 连续箱梁后支点挂篮施工质量问题原因从人、机、料、法、环等方面进行分析，找到问题的根源，从根源解决问题。经整理绘制原因分析鱼骨图，如图 6.56 所示。

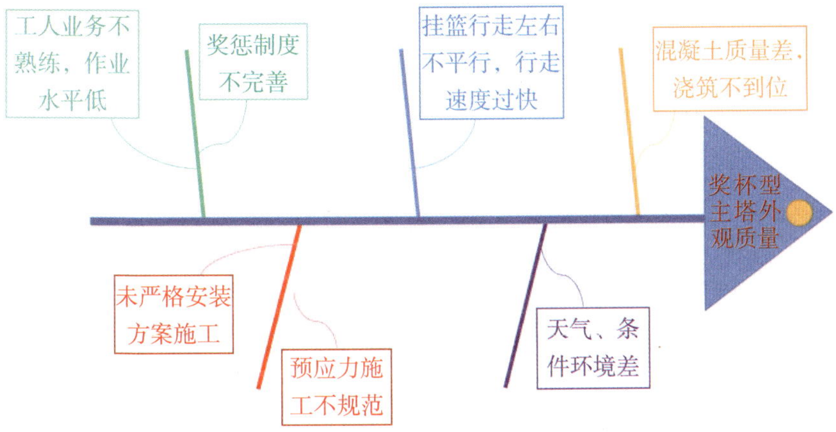

图 6.55　原因分析关联图

由图 6.56 可知，共有 7 个末端因素，并制定了要因确认计划表，具体内容和标准见表 6.4。

6.4　要因统计表

序号	末端原因	问题症结	确认内容	结论
1	部分工人业务不熟练，作业水平低	箱梁中线偏差、高程偏差	部分工人业务不熟练，作业水平低对箱梁中线、高程的影响	非要因
2	奖惩制度不完善	箱梁中线偏差、高程偏差	奖惩制度不完善对箱梁中线、高程的影响	非要因
3	未严格按照方案执行	箱梁中线偏差、高程偏差	未严格按照方案执行对箱梁中线、高程的影响	非要因
4	挂篮行走左右不平行，行走速度过快	箱梁中线偏差、高程偏差	挂篮行走左右不平行，行走速度过快对箱梁中线、高程的影响	要因
5	混凝土质量差，浇筑控制不到位	箱梁中线偏差、高程偏差	混凝土质量差，浇筑控制不到位对箱梁中线、高程的影响	要因
6	天气、环境条件差	箱梁中线偏差、高程偏差	天气、环境条件差对箱梁中线、高程的影响	非要因
7	预应力施工不规范	箱梁中线偏差、高程偏差	预应力施工不规范对箱梁中线、高程的影响	要因

经过小组成员对以上 7 条末端原因进行认真的讨论和分析，可见，造成挂篮悬浇箱梁中线偏差、高程偏差的主要原因有以下 3 点：①施工交底不够全面；②混凝土振捣不到位；③拉杆孔处理方式错误。

6.3.3　质量对策

针对以上造成挂篮悬浇箱梁中线偏差、高程偏差的主要因素，QC 小组全体成员集体共同探讨调查发现问题，解决问题，最终决定如表 6.5 所示。

表 6.5　问题对策实施表

要因	对策	目标	措施
挂篮行走左右不平行，行走速度过快	加强三级安全技术交底及每天施工前班前教育、施工后的小队总结	规范挂篮预压及行走，确保平面位置及高程合格	挂篮预压规范，及时调整记录；挂篮行走专人跟踪检查，控制好行走速度，确保平面位置及高程偏差在合格标准内
混凝土质量差，浇筑控制不到位	加大施工人员培训力度，增强质量意识及责任心	控制好混凝土质量	控制好混凝土原材料及配合比，施工过程严格按照规范要求操作
预应力施工不规范	拆模过程中，调整拉杆孔切割方式	规范预应力施工	严格按照规范及设计要求进行预应力施工，张拉时以应力控制为主，伸长量为校核；及时按规范要求压浆

实施 1：针对挂篮行走左右不平衡，行走速度过快的问题。

针对挂篮施工不规范、挂篮行走左右不平行、行走速度过快：我们将及时调整记录；

挂篮行走专人跟踪检查，控制好行走速度，确保平面位置及高程偏差在合格标准内。

实施 2：针对混凝土质量差，浇筑控制不到位的问题。

现场通过现场技术员与实验员共同对到达现场的混凝土进行检测，若检测结果符合规范、方案要求则继续施工，若不合格则退回拌合站。

实施 3：针对预应力施工不规范的问题。

针对预应力管道施工不规范，要求对现场所有线形差、安装位置偏差大的预应力管道进行重新安装处理。

定位偏差大、竖直度较差的竖向预应力波纹管按照规范、方案要求重新调整定位及竖直度。

6.3.4 质量结果

QC 小组针对前期出现问题，采取相应对策，质量大有改观。对现浇箱梁进行观测，每 20 m 设一个观测点，设计平面位置允许偏差 15 mm；高程偏差允许 25 mm，实际观测平面位置偏差为 5 ~ 10 mm，高程偏差为 10 ~ 15 mm。QC 小组重新对箱梁的各项质量进行检查。

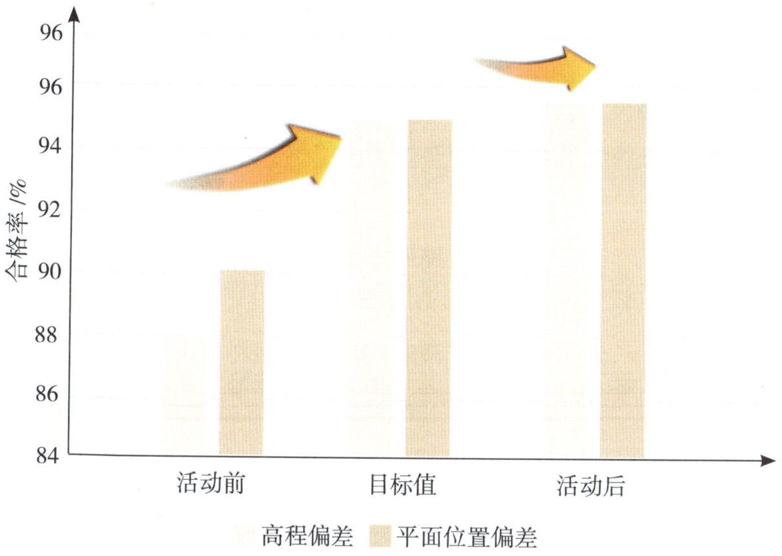

图 6.56 悬浇箱梁质量 QC 活动目标完成图

6.4 研究小结

第一，设计了 0# 块三角托架，通过验算分析确定了其结构参数和承载能力。通过挂篮整体竖向变形、组合应力、剪力应力和竖向位移评估了挂篮结构在不同工况下的变形和应力情况，具体数值有助于评估结构的安全性和稳定性。

第二，介绍了挂篮悬臂浇筑施工的关键技术，分析了挂篮悬臂浇筑施工的复杂性和重要性，以及如何通过科学的设计和严格的施工管理来保证工程的质量和安全性。同时，本书还提到了混凝土配合比设计、输送泵长距离泵送、悬臂浇筑技术、防裂控制技术和施工现场管理等关键技术。

第三，提出了 PC 连续箱梁挂篮施工质量问题的分析与对策，包括问题症结、原因分析、质量对策等。针对施工中存在的问题所采取的控制措施和技术方法，有助于提高施工质量和效率。

第七章　多塔部分预应力斜拉桥高精度索力及线形控制技术研究

7.1　多塔部分斜拉桥施工过程索力优化

7.1.1　模型建立

在施工前，根据设计文件及规范，充分理解设计意图的前提下，对实际结构进行结构离散，建立全桥纵向有限元分析模型，完成承载能力极限状态验算和正常使用极限状态验算，并与设计进行对比。

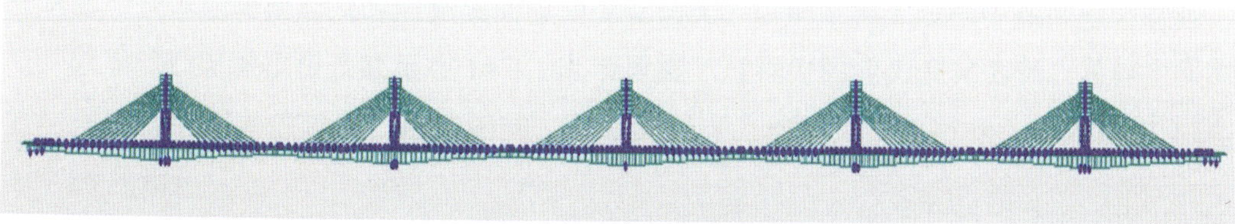

图 7.1　有限元离散图

本模型建立方法如下：

第一，建立全桥有限元计算模型；

第二，考虑斜拉索垂度和大位移几何非线性效应的影响；

第三，按实际情况模拟边跨满堂支架和主跨墩旁临时支墩；

第四，按实际位置模拟塔梁固结；

第五，斜拉索按照索单元模拟，主梁、主塔按照梁单元模拟；

第六，按实际情况模拟主梁施工及斜拉索安装全过程的每个步骤，考虑施工过程中临时荷载的作用。

7.1.2　结构参数敏感性分析

施工监控工作是一个复杂的系统工程，多种因素均可能对施工控制的精度产生影响。就关键结构参数对施工过程中结构力学行为的影响进行分析，对控制方案的确定、施工控制判断和决策、参数识别、模型修正均具有重要意义。

关键结构参数敏感性分析的目的：为确定关键控制参数；确定关键控制参数偏差对

控制结果的影响程度；为施工过程中的误差修正及最优控制决策提供科学依据；为施工过程仿真分析、施工过程参数识别、模型修正及误差分析等工作提供理论基础。

根据本桥特点，桥梁的主要敏感参数为主梁刚度、主塔刚度、斜拉索弹性模量、主梁重量、斜拉索无应力长度及塔高。

7.1.3 施工方案优化分析

对施工方提供的施工方案进行优化分析，尤其是斜拉索的张拉方案、合龙方案及体系转化步骤及施工临时荷载的布置方案等关键施工方案的实施，需进行全过程有限元仿真分析。结合计算结果，提出优化建议和相关注意事项，指导施工。

7.1.4 重要临时结构验算

对施工中的重要临时设施进行受力、变形和稳定性等方面的计算。尤其是主梁临时锚固体系中，锚固方式、锚固力大小和体系转换的时间和顺序等方面均需通过详细的计算分析后确定。

合龙劲性骨架的受力验算，考虑合龙前后的结构实际状态、力学行为、温度等环境因素及边界条件等，按最不利组合进行受力验算，保证在中边跨合龙过程中结构的安全性和稳定性。

7.1.5 事前仿真

在施工单位进场后，将确定相应的施工组织方案，给出采用挂篮的类型以及其他临时设施的类型及重量。

7.1.5.1 梁段施工前

第一，主梁立模标高线性计算。

主梁的线性计算就是根据实际确定的施工顺序和施工荷载情况，计算各施工阶段结构变形，确定预拱度，结合支架预压试验测试结果，计算相应阶段主梁的立模高程。

由于在施工过程中斜拉索张拉力的偏差、施工荷载条件（挂篮重量、支点位置）及实际结构参数（梁段重量、构件刚度和材料弹模）等均可能与初始计算的预定值不同，因此必须在施工控制中根据实际条件，并结合施工监测系统的反馈结果对模型进行修正后，才能用于后续工况的线性计算。

第二，斜拉索张拉计算。

为了使成桥后的结构内力和线形达到预先确定的理想状态，必须确定各施工阶段斜拉索的张拉力和张拉顺序。一般斜拉索分 2 次张拉，第一次张拉主要是为确保施工过程中的安全性，做内力储备，同时考虑支座的安装和中跨顺接合龙等问题；第二次张拉是将斜拉索张拉至成桥状态无应力索长，并为二期恒载施工做内力储备。理论上第二次张拉以后，在后续施工中不再进行张拉，但为了平滑误差、均匀索力，在中跨合龙前后进行全桥调索，对部分索力进行适当调整。

本次监控中，原则上以设计索力为基础，根据施工控制计算的应力与线形结果，对索力进行合理的调整，在调整索力时应考虑以下因素：①主塔线形，塔偏应满足控制目标线形的要求；②主梁线形，线形应尽量平顺，避免凸起和折角；③主塔应力，优化主塔应力；④斜拉索应力，在规范规定容许应力范围内调整；⑤主梁的应力，调索时应特别注意主梁内力的合理性；⑥支座反力，避免出现支座负反力（拉力）；⑦索鞍预偏，为了保证斜拉索张拉过程中主塔顺桥向基本上没有偏位，根据斜拉索两侧水平力基本相等、主塔偏位为零的原则确定索鞍安装预偏值；⑧施工步骤，尽量简化施工，降低施工的难度，优化施工工序，保证施工安全及质量。

7.1.5.2　梁段施工中

梁段施工过程中，根据当前状态下实际荷载、边界条件、实际参数和误差状况等因素进行结构实时响应分析。

7.1.6　实时仿真

控制中对结构影响的敏感程度需进行分析，以确定主要参数与次要参数，便于参数识别。本桥中对斜拉索的张拉力、主塔的刚度、挂篮自重力、主梁重量及刚度等较主要的结构参数进行敏感性分析。结构参数识别的任务是通过量测施工过程中实际结构的行为（索力、位移），通过对结构内力及位移的理论值与实测值的对比分析，分析结构的实际状态与理想状态的偏差，用误差分析理论来确定或识别引起这种偏差的主要设计参数，进一步对结构参数进行分析判定，经过修正设计参数，确定出结构参数的综合效应真实值，为结构分析提供可靠的参数，来达到控制桥梁结构的实际状态与理想状态的偏差的目的。设计参数识别计算方法采用最小二乘法，最小二乘法是将残差平方最小作为最优估计的准则，已广泛应用于斜拉桥的施工控制中。

施工监控全过程模拟分析时，由于结构设计参数是根据设计规范、材料出厂力学性能指标等取用的，其与实际情况总是存在一定的误差，因此在施工中应对部分设计参数进行测定，以便及时修正设计参数，保证计算模型与实桥结构达到高度耦合，为施工监控奠定良好的基础。

施工中如出现发散趋势的连续分布误差状态，因这类误差的产生大多源于计算参数失真引起的目标值失真，必须进行参数识别、修正或拟合，提供合理的目标值。对于产生参数失真的原因必须认真分析，以便在施工中加以控制。在悬臂施工的桥梁中产生误差发散的主要参数是临时荷载、体系刚度和主梁自重等。

本桥施工监控过程中应在桥面挂篮走行、混凝土浇筑、斜拉索初张拉和第二次张拉等多个工况，分别对结构刚度、主梁自重、临时荷载等参数进行识别。

7.1.7 误差分析及调整

斜拉桥施工过程中存在的施工误差可以分为 3 类：第一类是可以测量的误差，比如构件尺寸、材料容重、材料弹性模量等；第二类是无法测量的误差，比如模型简化误差、构件实际刚度误差、人为操作误差等；第三类就是实际环境因素对结构的影响所造成的误差。在实际施工过程中，对于第一类误差我们可以通过测试得到实际结构的参数，并根据该实测参数对计算数据进行修正，从而解决该类误差问题。第二、第三类误差当中有些是长期存在的（如刚度误差），有些是临时存在的（如人为操作误差），有些又是变化的（如环境因素），故此 2 类误差在施工中是难以准确控制的，这就造成了桥梁结构实际施工状态与理论状态无法吻合。

7.1.8 重要工况的分析

施工监控计算分析伴随桥梁建设的全过程，对桥梁的合龙工况，需要进行专项和反复的计算。对于施工单位因施工组织的改变导致的作业工序变化，或施工机具设备的移动添加导致的桥面临时施工荷载的变化，都将进行实时计算分析。对于桥梁施工过程中累计的索力和线形误差，如果达到了影响结构施工的正常进行或者危及结构安全的地步，这就需要在施工过程中对这些误差进行调整处理。如果这些误差影响较小，则一般会留在全桥合龙后一次性处理，而处理的手段就是通过索力调整计算分析将这些误差平滑到允许的范围内。

7.2 斜拉索张拉及主梁线形控制关键技术

7.2.1 监控目的

G106 淮阳刘楼至项城李庄段沙颍河特大桥采用部分斜拉桥，结构较为复杂，为了确保主桥在施工过程中结构受力和变形始终处于安全的范围内，且成桥后的主梁线形符合设计要求，结构恒载内力状态接近设计期望，在主桥施工过程中必须进行严格的施工控制。

斜拉桥作为大跨度高次超静定结构，斜拉索的安装和张拉顺序对成桥后主梁线形和结构内力有很大的影响。所采用的施工方法、材料性能、浇筑程序、立模标高和张拉索力等都直接影响成桥的线形与受力，且施工现状与设计的假定总会存在差异。为此必须在施工中采集需要的数据，及时掌握结构实际状态，并通过计算，对浇筑主梁立模标高和斜拉桥的安装索力给以调整与控制，以满足设计的要求。

一方面根据选定的施工方法对施工的每一阶段进行理论计算，求得各施工阶段施工控制参数的理论计算值，形成施工控制文件，为施工单位的施工提供依据；另一方面，针对实际施工过程中由于种种因素所引起的理论计算值与实测值不一致的问题，采用一定的方法在施工中加以控制、调整。

对部分斜拉桥而言，在施工之前对每一施工工况进行详尽的分析和验算，从理论上保证结构在施工及运营阶段的安全，还要在施工过程中，对结构的反应进行跟踪监测，并不断调整，以保证斜拉桥在施工过程中结构的受力及变形状态始终处于设计所要求的范围之内，同时成桥后的主梁内力和线形达到设计期望值。

施工控制的任务就是根据实际的施工工序以及有关参数（如材料的弹性模量、混凝土收缩徐变系数、结构自重、施工荷载、温度等），结合施工过程中现场测得的各阶段主梁内力（应力）与变形数据，随时分析各施工阶段主梁内力和变形与设计理论计算值的差异，分析施工误差状态，采用应力预警体系对施工状态进行安全度评价和灾害预警，以确保全桥建成后的内力状态和外形曲线满足规范和设计理论要求。把大跨径桥梁施工控制的理论和方法应用于工程的实际施工过程，对该桥施工期间的线形、混凝土应力等进行控制和调整。

本桥施工控制的目的在于：①通过调整和控制标高，确保全桥线形符合设计要求；②主塔应力和线形监控；③主梁应力和线形监控；④通过对全桥关键截面应力进行控制，确保成桥内力符合设计要求；⑤通过对索塔和主梁线形的控制，确保成桥线形符合设计要求；⑥通过施工监控，可取得在成桥后无法得到的桥梁部分“参数”，建立档案，为后期桥梁的管理与养护提供依据。

7.2.2　监控的特点

7.2.2.1　误差来源多样性

斜拉桥的施工过程中误差的产生因素很多，主要可以分为计算误差、测量误差及施工操作误差等几大类，对此类误差的产生及误差影响的调整是施工监控分析的重点。

7.2.2.2　施工监控目标多元性

对于多跨斜拉桥，施工误差的产生原因是多样的，相对应的施工监控时的控制目标也呈现多样性特点。主要的控制目标包括：线形类目标、内力类目标、安装类目标及施工类目标等。上述控制目标存在着相互影响、相互制约的关系，在控制时也必须有重点地加以区分对待。

7.2.2.3 施工监控中温度效应影响显著性

斜拉桥在施工中存在着环境温度、构件温度场分布状况差异等因素对施工过程和施工计算分析的显著影响，对关键施工工序施工时间进行限制也是控制温度效应对施工精度影响幅度的常用手段。桥跨合龙阶段必须连续进行温度观测。

7.2.3 控制方法

斜拉桥的施工控制是一个预告、施工、测量、识别、修正、预告的循环过程。要求控制系统除了具备常规的结构分析计算功能外，还应具备在施工现场根据实测参数消除设计与实际不一致的自适应能力,并能及时提供标高和索力修正值。基本思路是：首先，用规范的参数计算结构的响应；其次，和实际测量结果进行比较；最后，修正参数，使和实际结构相吻合。经过几个节段的施工，就可以得到合适的参数。对于采用悬臂拼装或悬臂浇筑方法施工的桥梁，主梁在塔根部的相对线刚度较大，变形较小，因此在控制初期因参数不准确带来的误差对全桥线形的影响较小，这对自适应控制思路的应用是非常有利的。经过几个节段的施工后，计算参数已得到修正，为跨中变形较大节段的施工控制创造了良好的条件，这种方法目前是最好的施工控制方法。

根据本监控项目的实际情况选用目前在桥梁监控中采用较为广泛的自适应控制方法，其基本原理在于：通过施工过程的反馈测量数据不断更正用于施工控制的跟踪分析程序的相关参数，使计算分析程序适应实际施工过程，当计算分析程序能够较准确地反映实际施工过程后，以计算分析程序指导以后的施工过程。由于经过自适应过程，计算程序已经与实际施工过程比较吻合，因而可以达到线形与内力状态双控的目的，其基本步骤如下：①以设计的成桥状态为目标，按照设计参数用施工过程跟踪分析程序确定每一施工步骤应达到的分目标；②根据上述分目标开始施工，并测量实际结构的变形等数据；③根据实际测量的数据分析和调整各统计参数，以调整后的参数重新用施工过程跟踪分析程序确定以后各施工步骤的分目标；④反复上述过程即可使跟踪分析程序的计算与实际施工相吻合，各分目标也成为可实现的目标，进而利用跟踪分析程序来指导以后的施工过程和必要的调整与控制。

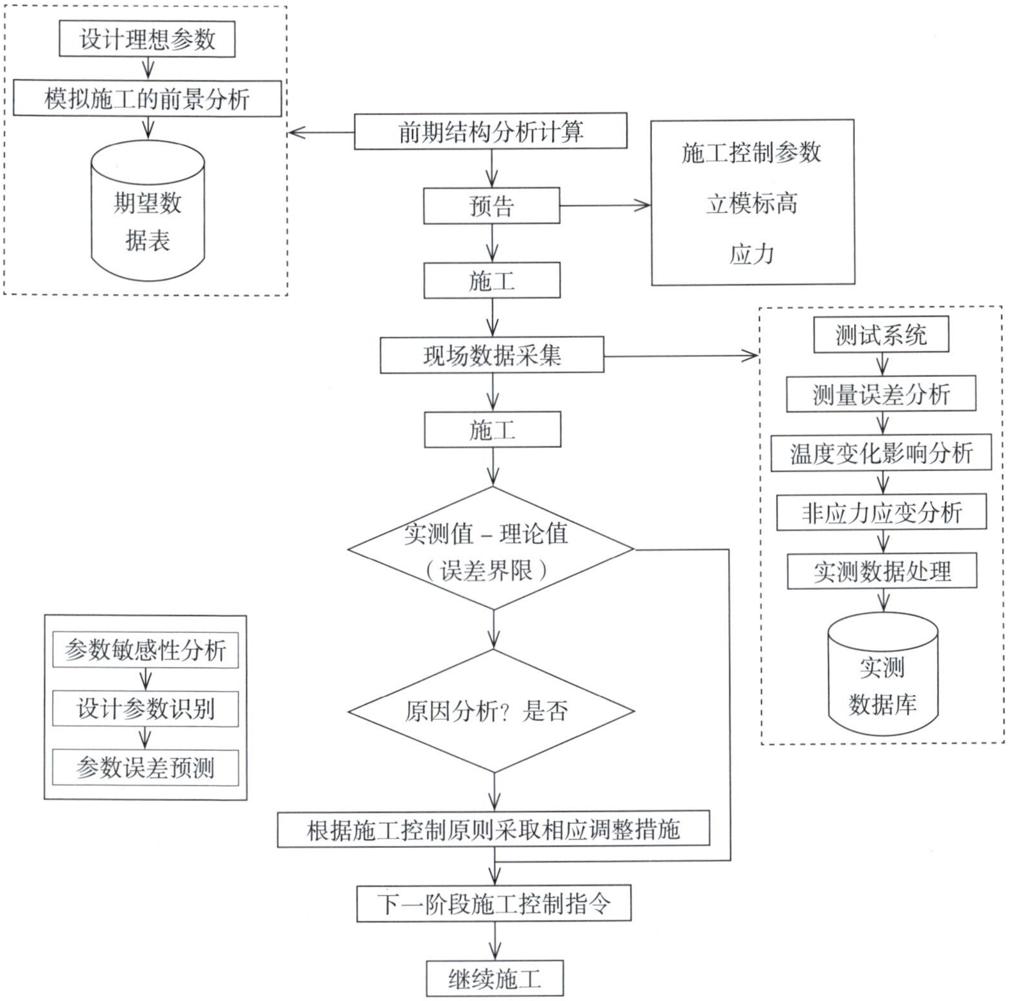

图 7.2　施工过程控制框图

7.2.4　线形监测

7.2.4.1　主梁线形测量

众所周知，立模标高并不等于设计中桥梁建成后的标高，总要设一定的预拱度，以抵消施工中产生的各种变形（挠度）。其计算公式如下：

$$H_{lmi}=H_{sji+}+\sum f_{1i}+\sum f_{2i}+f_{3i}+f_{4i}+f_{5i}+f_{gl}$$

式中：

H_{lmi}——i 节段立模标高（节段上某确定位置）；

H_{sji}——i 节段设计标高；

$\sum f_{1i}$——由各梁段自重在 i 节段产生的挠度总和；

$\sum f_{2i}$——由张拉各节段预应力在 i 节段产生的挠度总和；

f_{3i}——混凝土收缩、徐变在 i 节段引起的挠度；

f_{4i}——施工临时荷载在 i 节段引起的挠度；

f_{5i}——使用荷载在 i 节段引起的挠度；

f_{gl}——支架 / 挂篮的变形值。

式中的 $\sum f_{1i}$ 、$\sum f_{2i}$ 、f_{3i} 、f_{4i} 、f_{5i} 五项在前进分析和倒退分析计算中已经加以考虑，倒退分析输出结果中的预抛高值就是这五项挠度总和，则上式可改写为：

$$H_{lmi}=H_{sji}+H_{ypgi}+f_{gl}$$

预计标高的计算公式为：

$$H_{yji}=H_{lmi}+H_{gl}+f_i$$

式中：

H_{yji}——i 节段预计标高；

f_i——块件浇筑完后，i 节段的下挠度。

主梁线形的测量主要包括主梁的立模标高和主梁标高及桥梁的轴线偏位测量。高程监测阶段包括各个施工阶段后主梁线形变化、拉索张拉前后主梁标高变化；轴线偏位监测安排在每两个节段后对轴线进行监测，保证主梁线形满足设计要求。测点布置如图 7.3 至图 7.5 所示。

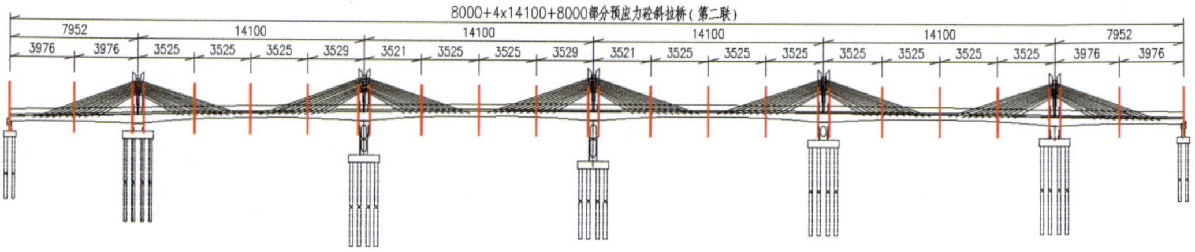

图 7.3　主梁线性监测断面布置示意图

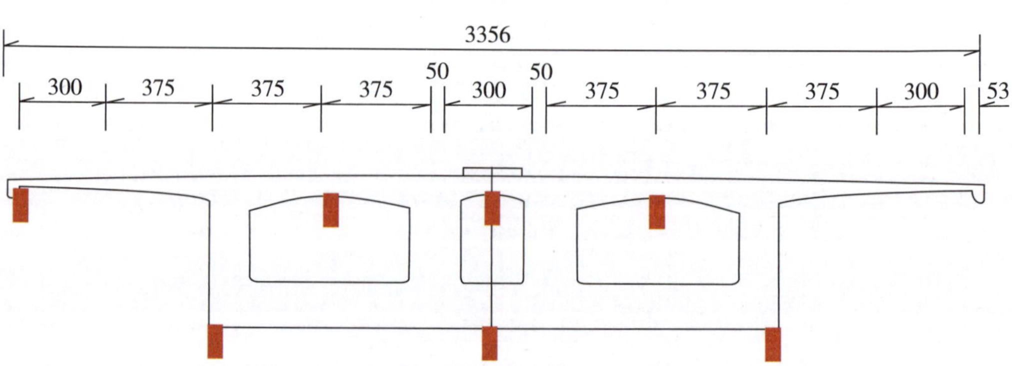

图 7.4　主梁立模标高监测测点布置示意图

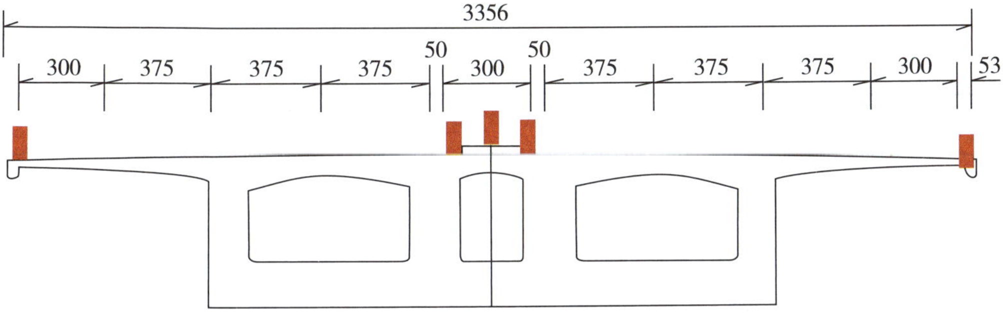

图 7.5　主梁标高及轴线偏位测点布置示意图

注：中轴线主梁标高测点也作轴线偏位测点。

表 7.1　主梁标高及轴线偏位监测测点布置表

监测项目	监测仪器	测点数量	布设位置
主梁标高及轴线偏位	水准仪	208	跨中、四分点及墩顶位置

表 7.2　主梁立模标高监测测点布置表

监测项目	监测仪器	测点数量	布设位置
主梁立模标高	全站仪	130	每个节段

主梁标高测量的仪器为自动安平水准仪，临时水准点可设在墩顶处。从基准点引测得主梁测点高程。基准点高程是由大桥控制点引测得到的，为保证测量数据准确，首先要保证测量基准点高程准确，因此定期对高程基准点进行复核。

施工过程中，在主梁施工的每个节段、在预应力张拉阶段、在斜拉索张拉阶段都要对主梁高程进行测量，同时根据监控需要定期对全桥线形进行复核。

由于线形对温度、日照较敏感，因此测量时间应选在日出之前温度较恒定的时段内进行。在主梁端部设置高程基准点，利用全站仪测出其平面坐标，与设计值进行对比，便可以得出实际偏差值。

7.2.4.2　索塔沉降及偏位观测

主塔在施工和成桥状态均通过斜拉索承担相当大部分的梁体重量，在不平衡荷载和大气温差及日照影响下，主塔均会产生不同程度的变形。为保证主塔的成桥线形，必须对主塔线形进行监控。

桥塔在斜拉桥结构中起着非常重要的作用。在施工过程中，为了保证主塔的施工质量，必须对主塔的偏位进行测量得出它的变形量，并将其控制在容许范围内。在每个塔位处的墩下部固定位置、塔根及塔顶位置安装永久性位移观测点，形成每个塔位的竖向三维位移观测断面，通过高精度全站仪或 GPS 卫星定位系统来检测墩柱、索塔在施工浇筑及索束张拉过程中的偏位。

在每施工两个节段后，对主塔偏位进行复核。在主塔施工完成后，对索塔偏位进行复核。在张拉拉索的过程中及落架前后测量索塔沿桥轴线方向的位移。每施工一对斜拉索，测量一次索塔偏位。

测量方法为：在塔顶和塔底设反光片，利用全站仪和导线控制点进行观测，这样可以有效地消除温差带来的全站仪位置的改变。并与原位置进行比较，获得塔顶偏位情况。结合施工单位控制点测量和对比。施工过程中，要注意观测温度变化对塔身变形的影响。

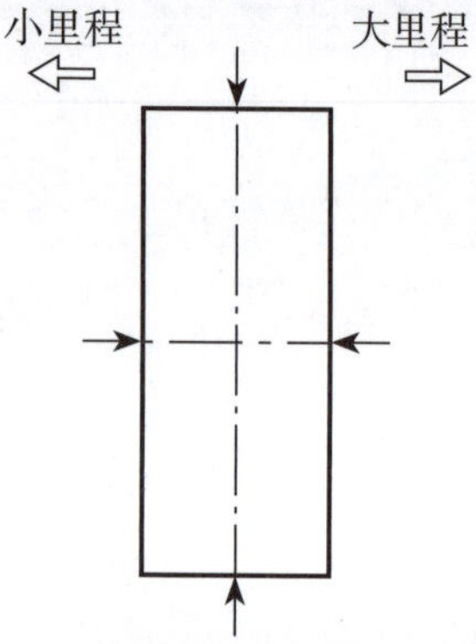

图 7.6　桥墩节段施工监测点布置示意图

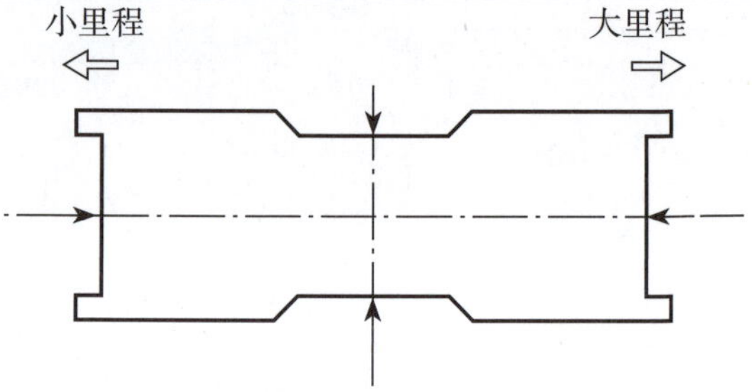

图 7.7　索塔节段施工监测点布置示意图

表 7.3　桥塔监测测点布置表

监测项目	监测仪器	测点数量	布设位置
桥墩、索塔施工沉降偏位	全站仪	一个截面 4 个测点	每两个施工节段

注：具体测点数量视现场实际情况而定。

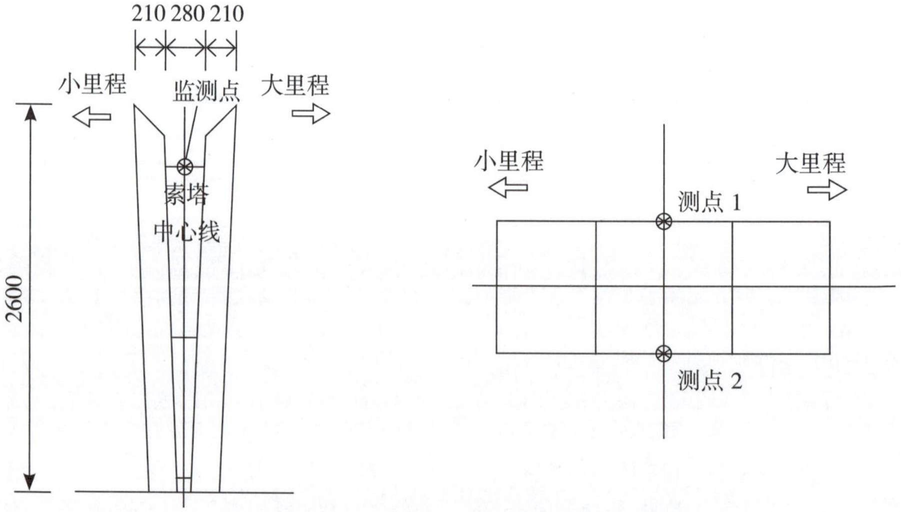

图 7.8　塔柱棱镜竖向及偏位监测点布置示意图

塔柱施工完成后，在每根索柱塔顶各设置 2 个固定棱镜，用以监测主梁施工过程中的主塔偏位以及塔柱竖向变形情况。

监测频率：应在塔柱施工完成后每个月及关键施工工况对其进行观测。

7.2.5　应力监测

在施工的每个过程中，索塔和主梁的控制截面的应力必须加以监测评估，以确保施工中结构的安全。关于混凝土斜拉桥的应力测量，一般是利用应变传感器测出混凝土内部总应变，然后再推算成应力，这就存在由应变到应力的换算关系问题。由于混凝土总应变中包含相当一部分的非应力应变，如何准确分离这部分应变（尤其是徐变应变）就成了保证混凝土应力测量精度的关键所在。

影响混凝土主梁和桥塔应力测试的因素很复杂，除荷载作用引起的弹性应力应变外，还与收缩、徐变、温度有关。目前国内外混凝土梁和主塔的应力测试一般通过应变测量换算应力值，即：

$$\sigma_{弹}=E\cdot\varepsilon_{弹}$$

式中：

$\sigma_{弹}$——荷载作用下混凝土的应力；

E——混凝土弹性模量；

$\varepsilon_{弹}$——荷载作用下混凝土的弹性应变。

实际测出的混凝土应变则是包含温度收缩、徐变变形影响的总应变 ε。即：

$$\varepsilon=\varepsilon_{弹}+\varepsilon_{无应力}$$

式中：

$\varepsilon_{弹}$——弹性应变；

$\varepsilon_{无应力}$——无应力应变。

为了补偿混凝土内部温度应变并消除收缩影响，在布置应力测点时同时埋设工作应变计和无应力计。分别测得混凝土应变 ε 和无应力应变 $\varepsilon_{无应力}$，按式即可得到弹性应变 $\varepsilon_{弹}$。

要登记好每个测试点安装的应变计和传感器编号，并保存好记录资料。在引出线上与测试应力计编号相对应编号，编号标志应有防水措施，以防损坏。

施工单位在施工到监测点设置阶段时，应事先通知施工控制人员现场安装应变计；在混凝土施工中，对应变计及导线附近，应谨慎振捣，以免改变应力计方向或将测试导线损坏。在进行焊接作业时，不得直接使应力计受热。

在施工中，施工人员应特别注意不要踩踏测试导线；现场若发现有应力计、导线损坏情况，应尽快通知现场监控人员，以便采取补救措施。

7.2.5.1 应力测试

应力测试与主梁、桥塔施工同时进行，现场条件差，使用时间长，因而要求测试元件必须具备长期稳定性好、抗损伤性能好、埋设定位容易及对施工干扰小等性能。通过以前测试经验和对国内元件及仪器综合分析比较，决定测试元件选用钢弦式应变计。可直接测出混凝土梁及混凝土桥塔的实际应变，再根据各自的弹性模量和公式计算应力。

应变计必须按预定的测试方向用细匝丝绑扎固定在结构钢筋上，细匝丝捆绑位置应在应变计受力柄内侧 5 mm 处，要保证在混凝土施工中不松动；测试导线最好用护套管保护，顺箱梁近模板侧竖向钢筋引出梁顶面，每隔一段距离（或方向改变处）用细匝丝绑扎牢固，应变计与测试导线应避开混凝土振捣力方向。

7.2.5.2 测点布置

在布置纵向断面传感器时，主要集中布置在箱梁的中腹板和边腹板的梁顶和梁底位置。索塔则在塔柱的四周布置，这样可直接反映索塔截面的受力状况以及间接反映索力变化趋势。

主梁的主塔位置以及中跨的 L/4、L/2，边跨的 L/2 附近布置应力量测点，共布置 24 个断面，每个断面布置 8 个应力量测点，共 192 个应力量测点，均为顺桥向布置；主墩距离承台顶 1 m 处布置一个断面，每个断面布置 4 个应力量测点，共 5 个断面，共 20 个应力量测点，均为沿着主墩方向；塔柱距离梁顶 50 cm 处及塔柱第一索鞍下 50 cm 处各布置一个断面，每个断面布置 4 个应力量测点，共 10 个断面，共 40 个应力量测点。

索塔：塔柱根部截面。主梁：中跨 1/4 跨中断面和 3/4 断面，以及边跨跨中断面和 3/4 断面。如图 7.9 所示。

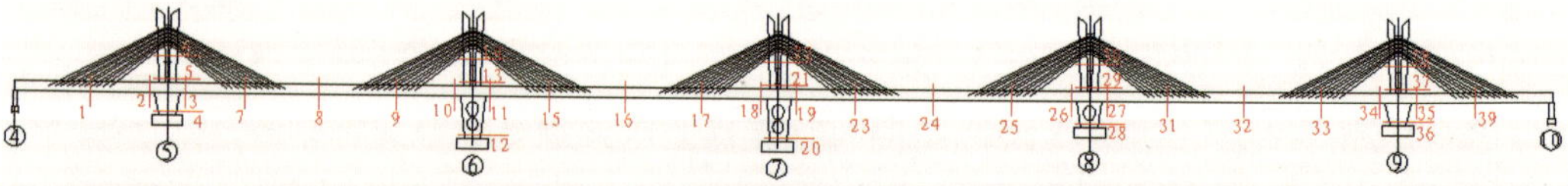

图 7.9 主梁截面应力测点示意图

在桥墩、塔柱施工过程中，应在每个节段定位时、混凝土浇筑完毕后对桥墩、塔柱已安装应变计进行观测；塔柱施工完成后，应每隔 5 个梁段及其他关键施工工况对桥墩、塔柱已安装应变计进行观测。

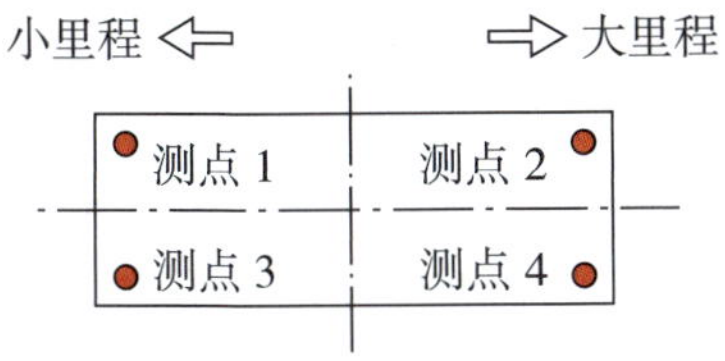

图 7.10　塔柱断面应变测点布置图

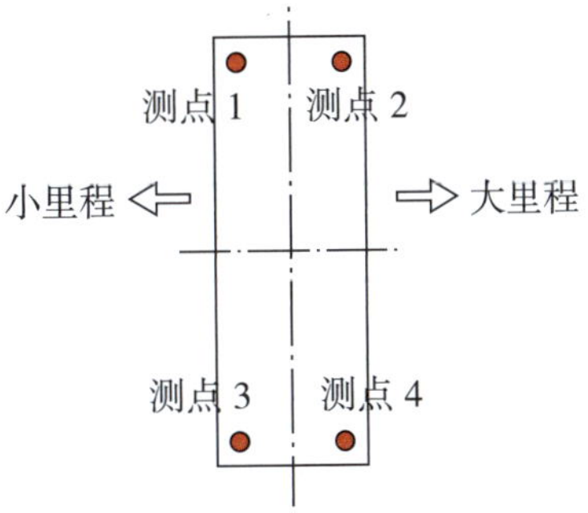

图 7.11　主墩断面应变测点布置图

测点布置：主梁应力测点布置主要在箱梁的顶板和底板位置，每个断面布置 8 个应变计。

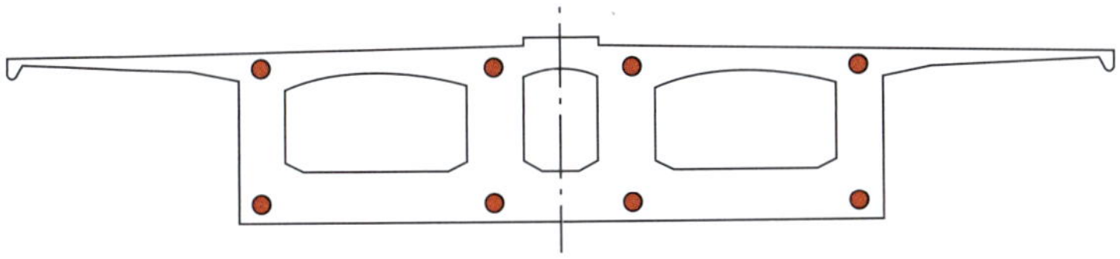

图 7.12　主梁断面应变测点布置图

表 7.4　主梁应力监测点布置表

监测项目	监测仪器	测点数量	布设位置
应力监测	埋置式应变计	192	跨中、四分点及墩顶位置

表 7.5　桥墩、塔柱应力监测点布置表

监测项目	监测仪器	测点数量	布设位置
应力监测	埋置式应变计	60	每个施工节段

注：具体测点数量视现场实际情况而定。

7.2.6　索力监测

斜拉桥拉索索力是设计中的重要参数，索力大小直接影响主梁的线形、主梁内力分布以及主塔的偏位和扭转。所以在施工过程中，准确地测量索力值并把它调整到设计要求的范围以内，是保证斜拉桥结构安全及施工的关键。

斜拉索张拉（初拉、到位张拉）过程中及完成后，相关各方应及时进行测试。在张拉过程中，施工单位应分级记录千斤顶的油压读数，监控使用锚索计及频谱仪进行测试。以上三方数据汇总后，进行分析识别，确定真实索力值。测量主梁前端前 3 对索的索力，与理论计算值进行比较。如发现差异，现场立即对其分析，根据分析结果对当前索的索力进行调整，调整时给出当前索的调整拔出量，避免误差积累。

监控中索力测量采用频率法进行测量。频率法是利用附着在拉索上的高灵敏传感器拾取拉索的振动信号，得到拉索的自振频率，再根据拉索自振频率与索力的关系确定索力。

振动频率法间接测量斜索索力的基本原理是将斜索视为弦在一个平面内的振动，建立斜索自振频率与斜索张力间的函数关系，通过斜索的环境激励响应分析斜索自振频率，再利用这一函数关系求取斜索索力。斜索自振频率和其张力间的基本函数关系为：

$$T=4m'l^2\left(\frac{f_n}{n}\right)^2$$

式中：

T——斜索索力；

m'——斜索单位长度质量；

l——斜索长度；

f_n——第 n 阶自振频率，n 为振动的阶数。

在实际的工程应用中还需考虑斜拉索垂度、斜拉索抗弯刚度 EI、斜索减振器附加阻尼、温度等因素的影响。

索力测试工况如下：

第一，每安装及张拉一对斜拉索，对已安装的全桥斜拉索索力进行测量，测试时间为日出之前温度恒定阶段。

第二，主梁施工过程中，调索前后均进行全桥（调索影响敏感区域的斜拉索）的索力测量。

第三，全部张拉完毕后，对全桥索力进行测量。

第四，铺装后成桥索力测量。

第五，成桥后索力测量。

表 7.6　索力监测点布置表

监测项目	监测仪器	测点数量	布设位置
索力监测	索力计	100	全桥斜拉索

7.2.7　合龙控制

7.2.7.1　合龙段施工

第一，合龙段是本桥施工的重点之一，更是线形控制的难点，故应高度重视。

第二，合龙段观测除应符合上述要求外，还应注意：合龙段相邻悬臂施工的最后梁段施工前，应对相应跨进行联测，以确定最后梁段悬臂施工的立模高程，保证合龙精度。合龙段的高程观测应按下列工况进行实测，即安装吊装前，浇筑混凝土前、后，张拉部分的预应力钢束后，拆除临时支撑后，张拉完所有预应力钢束后。

第三，在现浇合龙段之前，控制测量小组与线性控制小组共同对最大悬臂长度时的温度变化及相应挠度变化进行 24 h 测量。

第四，控制标准应按设计文件要求。

箱梁的合龙是控制悬浇梁受力状况和线形的关键工序，因此箱梁的合龙顺序、合龙温度和工艺都必须严格控制。

7.2.7.2　合龙段施工顺序

第一，完成悬浇箱梁和托架现浇段施工。

第二，拆除边跨挂篮和解除其他荷载，中跨沙袋作配重。

第三，接长现浇支架，并将其与悬臂梁端固定，使悬臂端及现浇段与支架有相同的变形。

第四，选择最佳合龙温度，完成边跨合龙。

第五，待边跨合龙段混凝土强度达到设计强度的 90% 后，按钢束编号由大到小依次张拉边跨底板、顶板束。完成第一次体系转换。

第六，拆除中跨一端挂篮，另一端挂篮前移，完成底篮、外侧模的安装。

第七，在中跨两悬臂端配重，并在当天最低气温时焊接劲性骨架，并完成合龙段模板、钢筋和管道安装。

第八，选择当天最低气温，浇筑合龙段混凝土。

第九，中跨合龙后，待合龙段混凝土强度达到设计强度的 90% 后，按钢束编号由小到大依次张拉顶板、底板束。拆除挂篮，完成第二次体系转换。

7.2.7.3　合龙施工

第一，边跨合龙：在挂篮上安装合龙段模板，绑扎普通钢筋；浇筑边跨合龙段混凝土，张拉边跨底板、顶板预应力钢束并锚固、压浆。

第二，体系转换：按照图纸要求拆卸边跨现浇梁段支架，完成全部体系转换。

第三，中跨合龙：安装中跨合龙吊架，（挂篮前移）当两侧梁段标高误差大于 20 mm 时，按设计要求加配重进行标高调整，待标高调整好后，在当天气温最低时按设计要求安装合龙口劲性骨架；安装合龙段模板，绑扎普通钢筋；张拉临时合龙束至设计吨位；浇筑中跨合龙段混凝土，边浇边调整两侧配重直至混凝土浇筑完毕中跨配重全部卸去；张拉中跨顶板、底板预应力钢束并锚固、压浆。

7.2.7.4 合龙优化

合龙顺序在连续梁悬臂施工过程中至关重要。首先，合龙顺序是施工控制的敏感因素，不同的合龙顺序，施工的难易程度，工期还有结构误差累积的就有所不同。其次，合龙改变了合龙段所在跨的静定性质，随着合龙跨数的增多，结构超静定次数也增多；结构也越来越复杂，结构将产生与施工关联较大的次内力以及结构内力重分布，这些对成桥后结构的位移和内力状态都有很大影响。最后，合龙顺序直接关系到各跨的施工进度安排，对工期和成本都有极大影响。

7.2.8 结构设计参数识别

为了在施工中不断修正因设计参数的误差引起的各个控制项目（如界面应力、变形、标高等）的失真，须对设计参数进行识别。参数识别主要是依据施工中的实测值对主要设计参数进行分析，然后将修正过的设计参数反馈到控制计算中去，重新给出施工中结构应力、变形及稳定安全系数等理论期望值，消除理论值与实测值不一致的主要偏差。

对于参数识别，首先要确定引起桥梁结构偏差的主要设计参数，然后用最小二乘法来分析、识别这些设计参数误差，最后得到设计参数的正确估计值，通过修正参数误差，使桥梁结构的实际状态和理想状态相一致。

7.3 施工监控结果

7.3.1 线形控制结果

塔梁固结体系部分斜拉桥的索结构对主梁抗度的影响相对较小，可通过确定索的初张力及梁预抛高的方法调整线形。

以施工过程中，典型桥墩对应的悬臂浇筑节段线形进行对比分析，如图 7.13 所示。结果显示各主梁节段在该施工阶段，实测线形与理论线形吻合度较高，最大差值出现在第 13# 节段，为 28 mm。

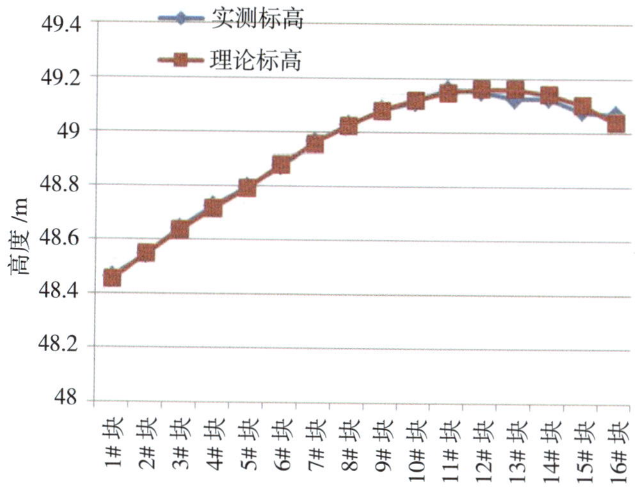

图 7.13　主梁线形比对

7.3.2　应力控制结果

箱梁应力受索力、施工因素影响较大，应在节段悬臂浇筑、预应力张拉、索张拉、合龙前后及体系转换后及时监测截面应力变化情况，以确定施工过程中截面应力状态。

以 5# 墩 0# 块顶板及底板在 1# ~ 16# 节段施工过程中的应力变化为例，总体上实测值与理论分析值差值较小，趋势相同，且最大压应力均不大于 0.75 fc，具体如图 7.14、图 7.15 所示。

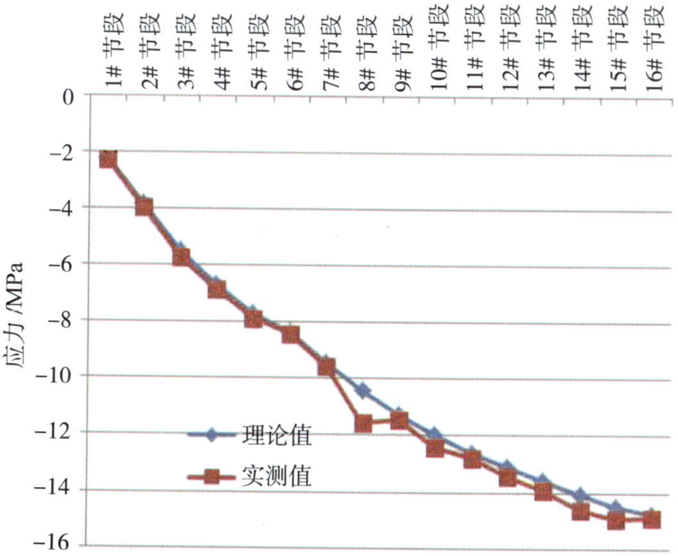

图 7.14　5# 墩 0# 块主梁顶板应力

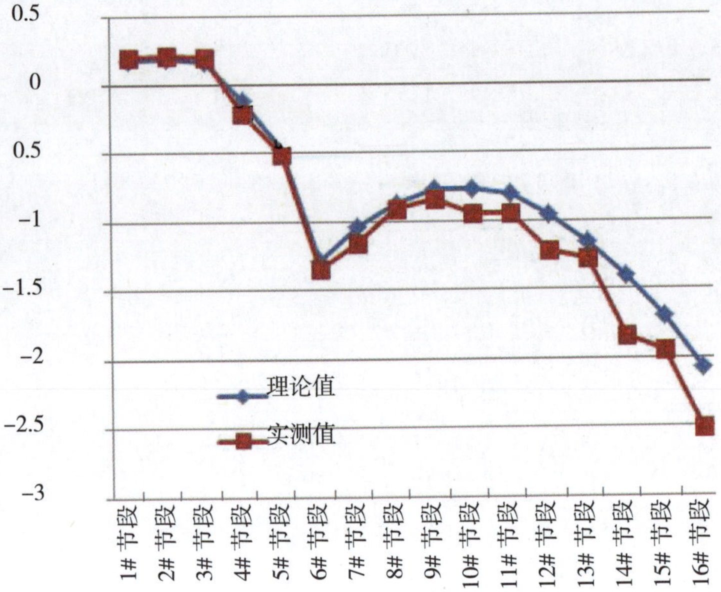

图 7.15　5# 墩 0# 块主梁底板应力

7.3.3　索力控制结果

以 5# 墩 C1 ~ C10 斜拉索张拉完毕时间节点为例，实测索力与理论分析所得索力见表 7.7 所示。根据对比，显示实测索力与理论索力基本吻合，最大误差仅 2%，且整体受力均匀对称。

表 7.7　5# 墩索力对比分析表

位置		理论索力 /kN	实测索力 /kN	误差
C1	左侧	4935.3	5017.8	1.67%
	右侧	4935.3	4974.3	0.79%
C2	左侧	4989.9	5087.9	1.97%
	右侧	4989.9	5049.4	1.19%
C3	左侧	5057.9	5120.6	1.24%
	右侧	5057.9	5124.7	1.32%
C4	左侧	5105.1	5127.1	0.43%
	右侧	5105.1	5013.9	-1.78%
C5	左侧	5150.5	5140.2	-0.20%
	有侧	5150.5	5064.3	-1.67%
C6	左侧	5191.3	5094.4	-1.87%
	右侧	5191.3	5097.7	-1.80%

表 7.7（续）

位置		理论索力 /kN	实测索力 /kN	误差
C7	左侧	5224.1	5266.8	0.82%
	右侧	5224.1	5129.5	−1.81%
C8	左侧	5245.2	5342.8	1.86%
	右侧	5245.2	5254	0.17%
C9	左侧	5251.1	5158.8	−1.76%
	右侧	5251.1	5239	−0.23%
C10	左侧	5229.9	5334.5	2.00%
	右侧	5229.9	5144.3	−1.64%

7.4　研究小结

本章主要研究了多塔部分预应力斜拉桥施工过程中的索力和线形控制技术，主要结论如下：

第一，实测线形与理论线形吻合度较高，最大差值出现在第 13# 节段，为 28 mm。

第二，实测索力与理论索力基本吻合，最大误差仅 2%。

第三，多塔部分斜拉桥施工过程中，准确地测量索力值并把它调整到设计要求的范围以内，是保证斜拉桥结构安全及施工的关键。

第四，本章提出的高精度索力和线形控制技术、实测数据处理方法、施工过程中截面应力状态检测方法和多塔部分斜拉桥施工过程索力优化方法可以提高施工过程中的控制精度和安全性，减少施工误差和事故的发生。

综上所述，本章的研究结论对于斜拉桥的施工和管理具有重要的指导意义，对于提高斜拉桥的安全性和可靠性具有积极的促进作用。

第八章　上跨高速变截面曲线组合钢箱梁顶推施工技术研究

8.1　顶推施工方案设计与分析

8.1.1　计算荷载

8.1.1.1　钢箱梁结构重量

表 8.1　左幅钢箱梁节段重量表

单位：t

序号	节段编号	重量 /t	数量	序号	节段编号	重量 /t	数量
1	53Z–D1	5.34	1	14	53Z–E6	22.52	1
2	53Z–D2	36.49	1	15	532–E7	25.05	1
3	53Z–D3	32.34	1	16	53Z–E8	4.54	1
4	532–D4	30.26	1	17	53Z–F1	4.34	1
5	53Z–D5	28.94	1	18	53Z–F2	25.31	1
6	53Z–D6	22.20	1	19	53Z–F3	25.46	1
2	53Z–D7	23.72	1	20	53Z–F4	25.01	1
8	53Z–D8	3.09	1	21	532–F5	25.01	1
9	53Z–E1	451	1	22	53Z–F6	20.10	1
10	532–E2	26.59	1	23	53Z–F7	22.87	1
11	53Z–E3	26.74	1	24	53Z–F8	4.38	1
12	53Z–E4	26.36	1	25	53Z–G1	5.04	1
13	53Z–E5	26.29	1	26	53Z–G2	29.56	1

表 8.1（续）

序号	节段编号	重量 /t	数量	序号	节段编号	重量 /t	数量
27	53Z–G3	29.53	1	38	53Z–H6	15.77	1
28	532–G4	29.03	1	39	532–H7	20.10	1
29	53Z–G5	28.97	1	40	53Z–H8	4.52	1
30	53Z–G6	20.87	1	41	53Z–J1	4.48	1
31	532–G7	24.73	1	42	53Z–J2	34.44	1
32	532–G8	5.03		43	532–J3	37.10	1
33	532–H1	4.48		44	53Z–J4	36.24	1
34	53Z–H2	25.60	1	45	53Z–J5	40.70	1
35	532–H3	26.51	1	46	53Z–J6	46.42	1
36	53Z–H4	25.28	1	47	532–J7	6.41	1
37	53Z–H5	25.89	1				

8.1.1.2　风荷载

工作风速取为 20.9 m/s（8 级风）。

根据《公路桥梁抗风设计规范》，横桥向风作用下主梁单位长度上的顺风向等效阵风荷载为：

$$F_g = \frac{1}{2}\rho U_g^2 C_{\mathrm{H}} D$$

$$C_{\mathrm{H}} = \begin{cases} 2.1 - 0.1\left(\dfrac{B}{D}\right) & 1 \leqslant \dfrac{B}{D} < 8 \\ 1.3 & 8 \leqslant \dfrac{B}{D} \end{cases}$$

其中：

ρ——空气密度（1.25 kg/m^3）；

U_g——等效静阵风风速；

D——主梁特征高度（m），取为 2.5 m；

B——主梁特征宽度（m），取为 24.5 m；

C_{H}——截面主梁的横向力系数，取 1.3。

根据《公路桥梁抗风设计规范》，高度 Z 处的设计基准风速为：

$$U_g = G_V U_d$$

$$U_d = k_f k_t k_h U_{10}$$

其中：

k_f——抗风风险系数，取 1.02；

k_t——地形条件系数，取为 1；

k_h——地表类别转换及风速高度修正系数，取为 1.31；

U_{10}——桥梁所在地的设计基本风速，离地高 10 m 处，正常工作状态取为 20.8 m/s（8 级风）；

G_V——等效静阵风系数，取为 1.24。

经计算可得，正常工作状态下等效风压为 312 N/m^2。

横桥向正常工作状态下等效风压为 987 N/m^2。

8.1.2 工况及组合

8.1.2.1 左幅

表 8.2 左幅计算工况

序号	工况
1	导梁整体吊装后，完成 F、G、H 和 J 节段拼装并与导梁连接，原位顶升
2	F、G、H 和 J 节段继续整体向前顶推 5m
3	F、G、H 和 J 节段继续整体向前顶推 5.9m 至左侧顶推设备位于导梁与钢箱梁交界位置
4	尾部完成 E 节段拼装后，E、F、G、H 和 J 节段整体原位顶升
5	继续向前顶推 12m 后，完成 D 节段拼装，D、E、F、G、H 和 J 节段整体原位顶升
6	D、E、F、G、H 和 J 节段继续整体向前顶推 9.0m 后，导梁左侧前端与顶推设备至临界位置脱空
7	在工况 6 状态下，导梁左侧前端与顶推设备至临界位置搭接
8	D、E、F、G、H 和 J 节段继续整体向前顶推 1.0m 后，钢箱梁尾部左侧支点至临界位置脱空。同时导梁右侧前端处于上墩临界位置脱空
9	在工况 8 状态下，导梁右侧前端处于上墩临界位置搭接
10	D、E、F、G、H 和 J 节段继续整体向前顶推 2.8m 后，钢箱梁尾部右侧支点至临界位置脱空
11	D、E、F、G、H 和 J 节段继续整体向前顶推 10.0m

表 8.2（续）

序号	工况
12	D、E、F、G、H 和 J 节段继续整体向前顶推 10.0m
13	D、E、F、G、H 和 J 节段继续整体向前顶推 5.3m，钢箱梁尾部右侧支点至临界位置脱空
14	D、E、F、G、H 和 J 节段继续整体向前顶推 2.8m 后，钢箱梁尾部右侧支点至临界位置脱空
15	D、E、F、G、H 和 J 节段继续整体向前顶推 11.5m 至就位位置

8.1.2.2　右幅

表 8.3　右幅计算工况

序号	工况
1	导梁整体吊装后，完成 F、G、H 和 J 节段拼装并与导梁连接，原位顶升
2	F、G、H 和 J 节段整体向前顶推 8m，完成 E 节段拼装，E、F、G、H 和 J 节段整体原位顶升
3	F、G、H 和 J 节段继续整体向前顶推 8m 至顶推设备位于导梁与钢箱梁交界位置
4	F、G、H 和 J 节段继续整体向前顶推 5m，完成 D 节段拼装，D、E、F、G、H 和 J 节段整体原位顶升
5	D、E、F、G、H 和 J 节段继续整体向前顶推 14m 后，导梁左侧前端与顶推设备至临界位置未搭接
6	D、E、F、G、H 和 J 节段继续整体向前顶推 14m 后，导梁左侧前端与顶推设备至临界位置搭接
7	D、E、F、G、H 和 J 节段继续整体向前顶推 1.7m 后，钢箱梁尾部至临界位置脱空
8	D、E、F、G、H 和 J 节段继续整体向前顶推 20m
9	D、E、F、G、H 和 J 节段继续整体向前顶推 5m，钢箱梁尾部至临界位置脱空
10	D、E、F、G、H 和 J 节段继续整体向前顶推 2m
11	D、E、F、G、H 和 J 节段继续整体向前顶推 12m 至就位位置

8.1.3　左幅钢箱梁顶推计算

左幅钢箱梁顶推施工计算采用结构离散分析程序构建钢箱梁和导梁计算模型，除导梁连续桁架采用梁单元外，其他结构均采用板单元。

计算模型导梁两侧工字梁与连续桁架释放横桥向转动自由度，约束其他所有自由度。

各工程钢箱梁最尾端对应设备位置约束除纵桥向转动自由度外的所有自由度，其余对应设备位置均只约束竖向位移自由度。

左幅钢箱梁和导梁整体计算模型如图 8.1 所示。

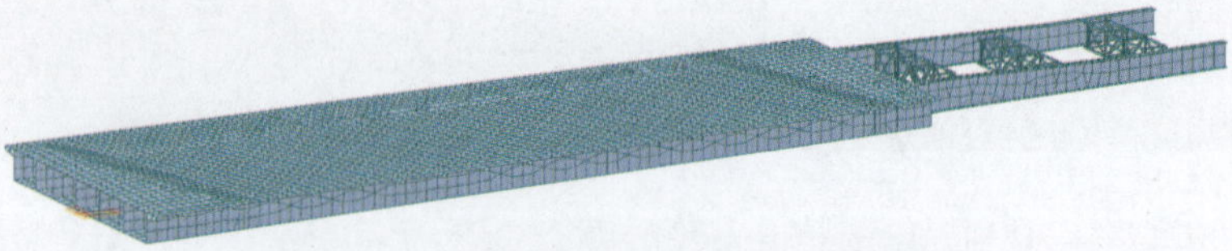

图 8.1　左幅钢箱梁和导梁整体计算模型

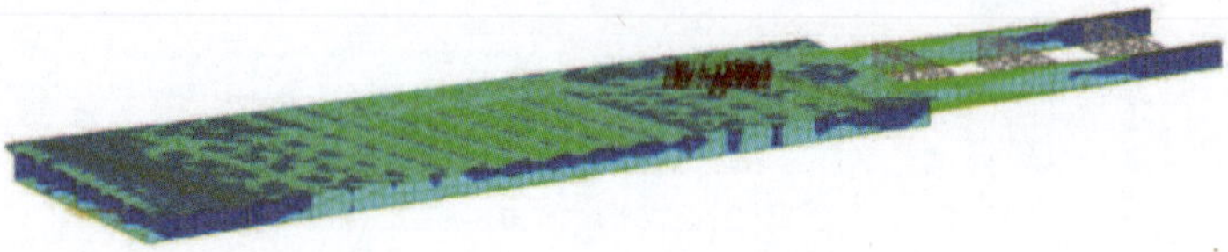

单位：MPa

图 8.2　左幅钢箱梁顶推工况 15 整体等效应力云图

单位：MPa

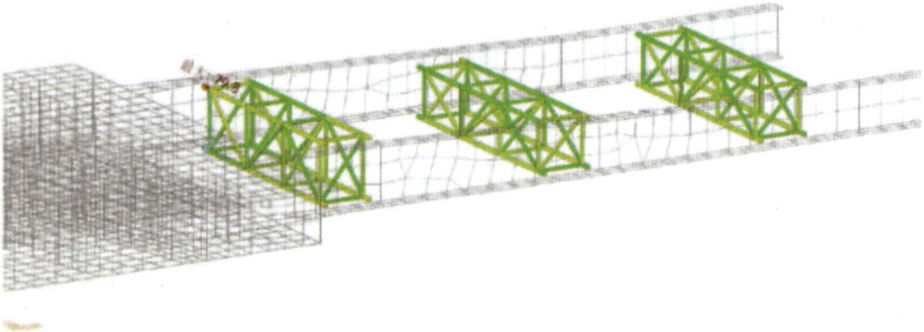

图 8.3　左幅钢箱梁顶推工况 15 导梁连续桁架等效应力云图

单位：mm

图 8.4　左幅钢箱梁顶推工况 15 竖向位移云图

左幅钢箱梁计算结果见表 8.4。

表 8.4　左幅钢箱梁顶推计算结果汇总表

	单台顶推设备反力标准值（kN）、钢箱梁、导梁最大应力（MPa）、钢箱梁、导梁最大竖向位移（mm）											
	L2 顶推支架		L4 顶推支架		L6 顶推支架		L7 顶推支架		钢箱梁最大应力	钢箱梁最大竖向位移	导梁最大应力	导梁最大竖向位移
	左侧顶推点	右侧顶推点	左侧顶推点	右侧顶推点	左侧顶推点	右侧顶推点	左侧顶推点	右侧顶推点				
工况 1	2010	1528	1686	1581	460	350	—	—	110	–20	50.6	–24.9
工况 2	1474	1151	1929	1733	754	575	—	—	70.2	–20.2	78.8	–51.8
工况 3	958	808	1952	1672	1247	979	—	—	94.5	–21.6	93.8	–85.4
工况 4	2454	1696	1399	1421	1325	1025	—	—	133.7	–19.4	93.6	184.5
工况 5	2324	1822	1272	723	2387	2359	—	—	131.9	–25.9	101.6	–137.7
工况 6	1286	1299	1284	—	3414	3604	—	—	193.4	–77.6	99.4	–259.1
工况 7	1234	1293	1570	331	2946	3278	235	—	177.4	–58.8	115.6	–218.2
工况 8	—	2152	2380	—	3322	2750	283	—	110	–68.3	124.2	–243.6
工况 9	—	2166	2684	—	3057	2534	241	206	110.7	–56.3	86.1	–50.2
工况 10	—	—	4330	2116	1284	2504	367	286	255.5	125.3	137.9	167.6
工况 11	—	—	2575	1264	2487	2984	919	659	166	–73.8	217.8	72.1
工况 12	—	—	1296	674	2962	3100	1726	1130	174.3	–43.2	113.8	–23
工况 13	—	—	—	1073	3896	2409	2088	1421	139.4	–40.1	126.4	–43.3
工况 14	—	—	—	—	3993	3268	1990	1637	236.1	–54.6	98.3	–68.4
工况 15	—	—	—	—	2875	2504	3109	2400	159.2	–40.8	100.2	–80.3
max	2454	2166	4330	2116	3993	3604	3109	2400	255.5	125.3	217.8	–259.1

由计算可知，左幅钢箱梁在顶推过程中最大应力出现在工况 10，应力值为 255.5<$[\sigma]$=295 MPa，位置在顶推点腹板局部，考虑结构计算为节点约束模拟，同时未考虑局部加劲板结构加强，故实际施工结构应力小于此最大应力值。左幅钢箱梁在顶推最大竖向位移 125.3 mm，出现在工况 10，位置在钢箱梁尾端。

导梁在顶推过程中最大应力出现在工况 11，应力值为 217.8 MPa<$[\sigma]$–295 MPa，位置在导梁左侧与钢箱梁连接位置上翼缘板，最大竖向位移 –243.6 mm，出现在工况 8，位置在导梁前端。

8.1.4 右幅钢箱梁顶推计算

右幅钢箱梁顶推施工计算采用结构离散分析程序构建钢箱梁和导梁计算模型，除导梁联系桁架采用梁单元外，其他结构均采用板单元。

计算模型导梁两侧工字梁与联系桥架释放横桥向转动自由度，约束其他所有自由度。

各工况钢箱梁最尾端对应设备位置约束除纵桥向转动自由度外的所有自由度，其余对应设备位置均只约束竖向位移自由度。

右幅钢箱梁和导梁整体计算模型如图 8.5 所示。

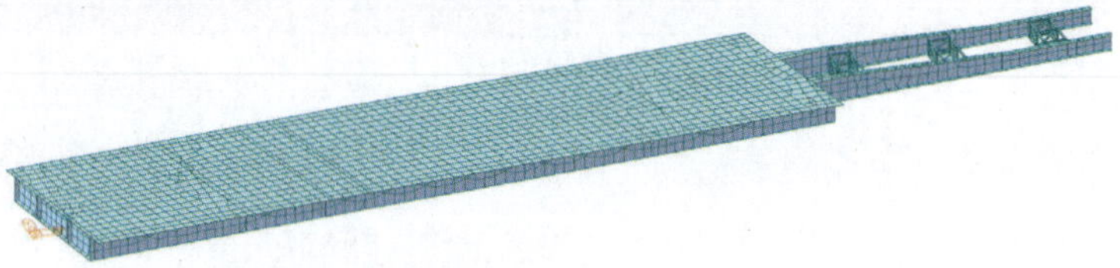

图 8.5 右幅钢箱梁和导梁整体计算模型

右幅钢箱梁计算结果见表 8.5。

表 8.5 右幅钢箱梁顶推计算结果汇总表

	单台顶推设备反力标准值（kN）、钢箱梁、导梁最大应力（MPa）、钢箱梁、导梁最大竖向位移（mm）											
	L2 顶推支架		L4 顶推支架		L6 顶推支架		L7 顶推支架		钢箱梁最大应力	钢箱梁最大竖向位移	导梁最大应力	导梁最大竖向位移
	左侧顶推点	右侧顶推点	左侧顶推点	右侧顶推点	左侧顶推点	右侧顶推点	左侧顶推点	右侧顶推点				
工况 1	748	681	1016	1103	—	—	—	—	62.5	−29.1	42.8	−12.4
工况 2	1030	892	878	1034	544	519	—	—	58.8	−28.1	67.8	−47.8
工况 3	569	566	1015	1018	869	861	—	—	74.6	25.9	91.9	−91.6
工况 4	1389	1167	606	692	1093	1237	—	—	94.6	−28.2	94.6	−107.2
工况 5	571	605	—	91	1739	2401	—	—	93.5	−77.2	144.1	−238.5
工况 6	539	580	860	356	1548	2161	140	—	97	−63.2	174.2	−195.4
工况 7	—	—	2100	1089	825	1857	161	151	114.3	−69.2	109.6	−57.5
工况 8	—	—	741	493	1595	1918	750	686	84.5	−43.8	105.5	−22.9
工况 9	—	—	—	—	2374	2231	713	866	126.7	−91	86	−76，2
工况 10	—	—	—	—	2261	2099	827	998	139.2	−65.9	86.1	−78.7
工况 11	—	—	—	—	1382	1326	1705	1771	97.4	−35.1	94.6	127.3
max	1389	1167	2100	1103	2374	2401	1705	1771	139.2	−91	174.2	−238.5

由计算可知，右幅钢箱梁在顶推过程中最大应力出现在工况 10，应力值为 139.2 MPa<[σ]=295 MPa，位置在顶推点腹板局部，考虑结构计算为节点约束模拟，同时未考虑局部加劲板结构加强，故实际施工结构应力小于此最大应力值。右幅钢箱梁在顶推最大竖向位移 –91.0 mm，出现在工况 9，位置在钢箱梁尾部。

导梁在顶推过程中最大应力出现在工况 6，应力值为 174.2 MPa<[σ]–295 MPa，位置在导梁连续桁架根部，最大竖向位移 –238.5 mm，出现在工况 5，位置在导梁前端。

由前述计算可知，钢主梁和导梁强度、刚度满足顶推要求。

8.2　钢箱梁顶推施工关键技术

8.2.1　施工条件

根据钻探揭露和已有邻近工程地质资料表明，项目区域地下水类型属于孔隙潜水，主要含水层为粉土、粉砂和细砂，各含水层地下水联系密切，场地地下水与沙颍河河水水力联系密切。地下水主要受大气降水和沙颍河河水补给，以侧向径流方式排泄，少量以蒸发方式排泄。勘查期间，场地地下水埋深为 4.3 ~ 7.3 m，整体上地下水水位呈北高南低的趋势。根据区域水文地质资料和场地地下水稳定水位埋深情况分析，预计该场地范围内受河水补给、大气降水和农业灌溉的影响全年地下水随季节变化幅度一般为 1.0 ~ 3.0 m。根据《公路工程地质勘察规范》（JTGC20—2011）附录 K，本项目含水层的岩性以粉土、粉细砂为主，为强透水层，场地的环境类型属Ⅱ类。根据项目区水质分析报告，评定路区地下水按环境类型水对混凝土结构具微腐蚀性，按地层渗透性水对混凝土结构具微腐蚀性，对钢筋混凝土中的钢筋在长期浸水的情况下具微腐蚀性，在干湿交替情况下具微腐蚀性。

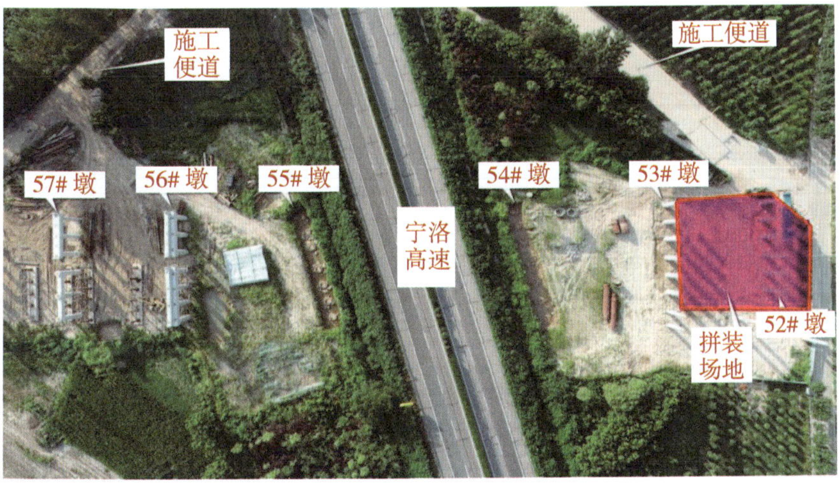

图 8.6　现场平面布置图

8.2.2 施工方法

8.2.2.1 总体施工方法

钢箱梁采取在加工厂分段加工成型，经验收合格后采用汽车陆运至安装现场。中跨钢箱梁采用在小号墩侧拼装成整体梁段，然后顶推至设计位置的施工方法，边跨钢箱梁采用吊车吊装的施工方法。

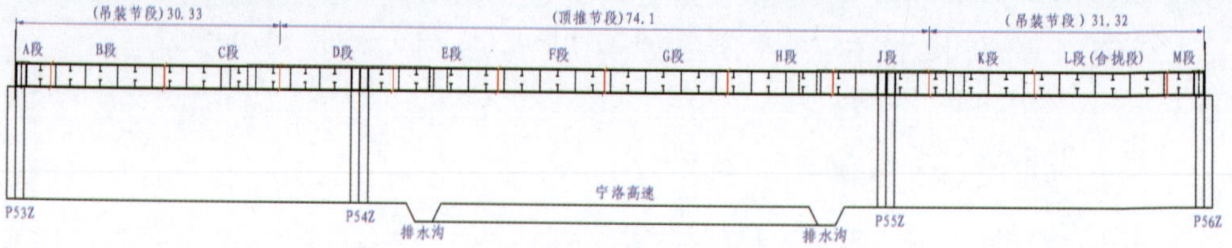

图 8.7 左幅顶推、吊装部分划分示意图

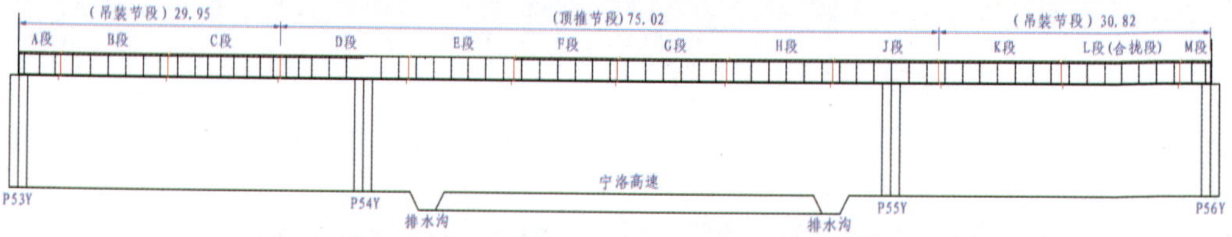

图 8.8 右幅顶推、吊装部分划分示意图

第一，钢梁厂内加工制作阶段：按设计院审批的方案进行钢梁的工厂制作。

第二，现场施工准备阶段：对施工现场进行规划设计、地表处理等工作；人员及设备的进场，并根据施工计划提前通知钢梁进场。

第三，左幅临时支架和步履式顶推器安装、测试。

第四，左幅顶推节段拼装、顶推施工。

第五，左幅吊装节段吊装。

第六，左幅支架和步履设备拆除。

第七，右幅临时支架和步履式顶推器安装、测试。

第八，右幅顶推节段拼装、顶推施工。

第九，右幅吊装节段吊装施工。

第十，右幅临时支架和步履设备拆除。

第十一，全桥涂装、验收移交。

8.2.2.2 钢箱梁安装施工

1. 左幅钢箱梁施工步骤

左幅钢箱梁施工步骤如表 8.6 所示。

表 8.6　左幅钢箱梁施工步骤

左幅顶推施工流程

步骤一：

①钢箱梁拼装支架、顶推支架搭设；

②顶推设备安装；

③同时工厂进行钢箱梁制造。

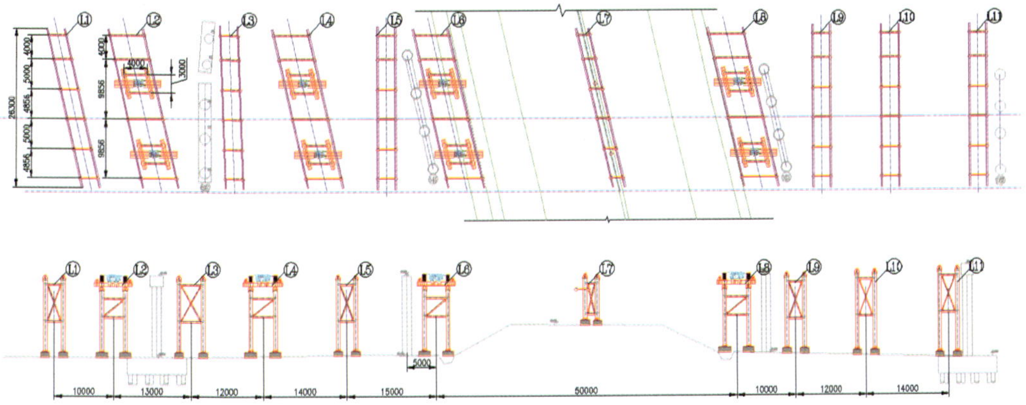

步骤二：

① 300t 汽车吊在小桩号侧 L6 ~ L1 号支架上安装导梁及 F、G、H、J 节段，并焊接。

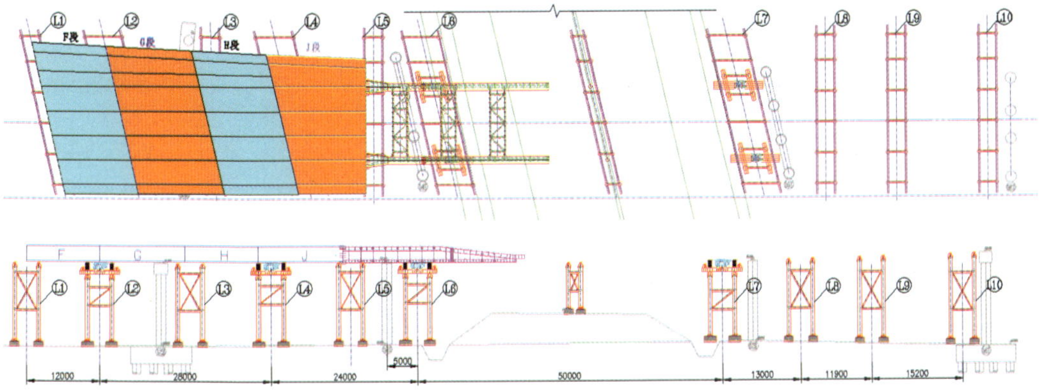

步骤三：

① F、G、H、J 节段整体向前顶推 11m；

②并将空出的 L1 ~ L2 支架，用于拼装 E 段，并焊接。

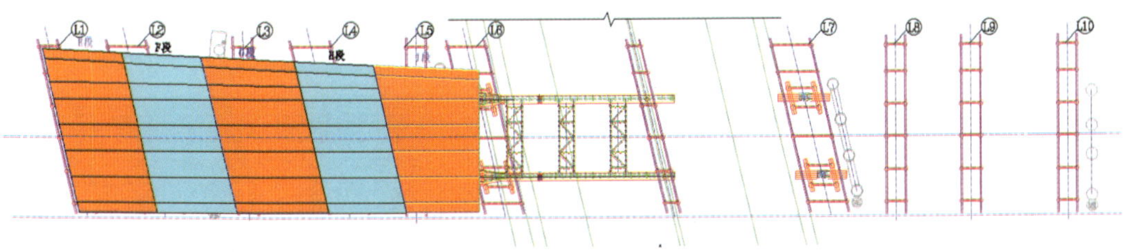

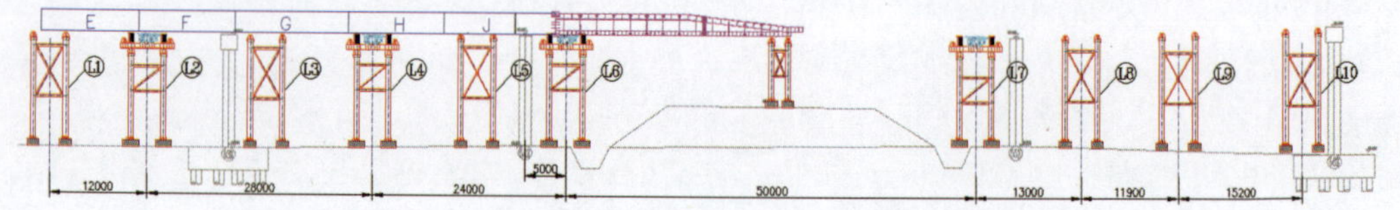

步骤四：

①E 节段焊接完成，继续向前顶推 38.9m；

②在 L4 ~ L3 支架拼装 D 节段，并进行焊接。

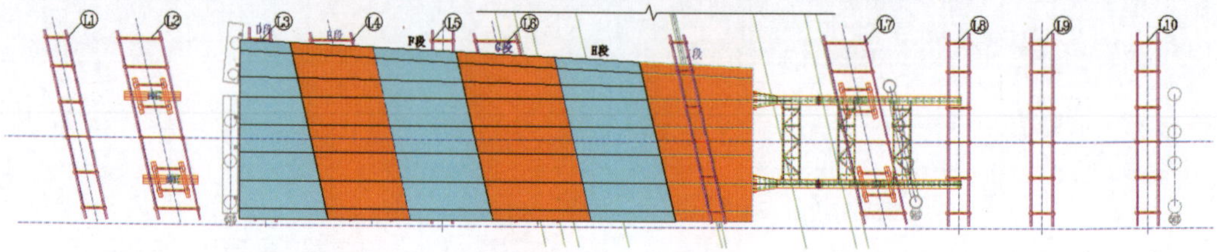

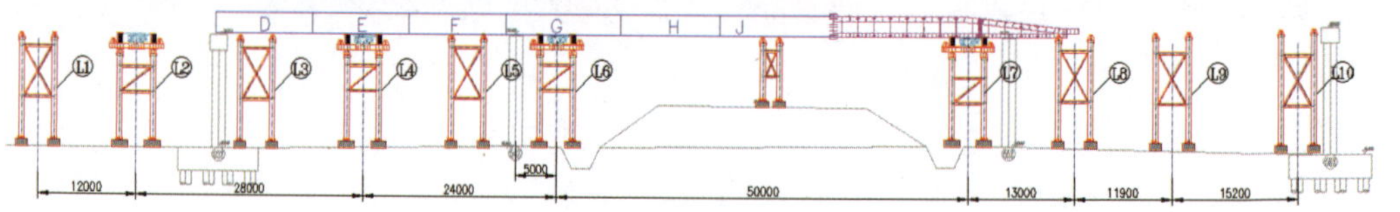

步骤五：D 段拼装完成后继续向前顶推纵向就位，并进行坡度的调整。

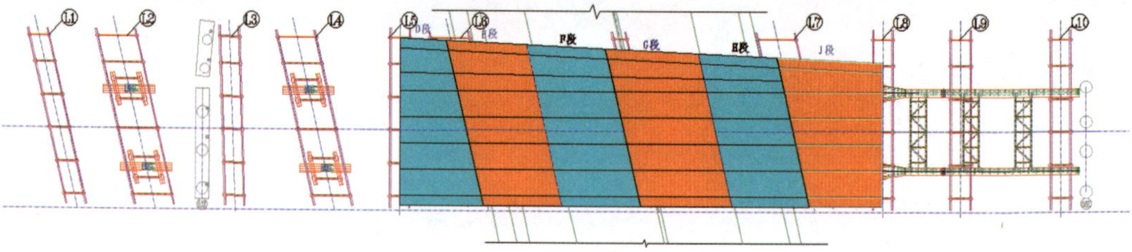

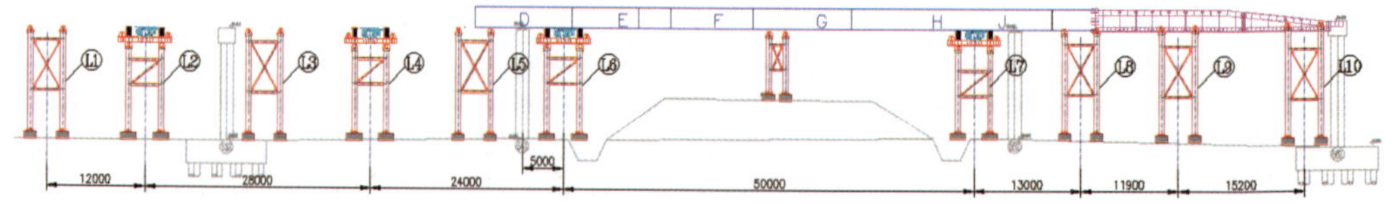

步骤六：

① 80t 汽车吊拆除钢导梁；

②开始吊装剩余两侧钢箱梁。

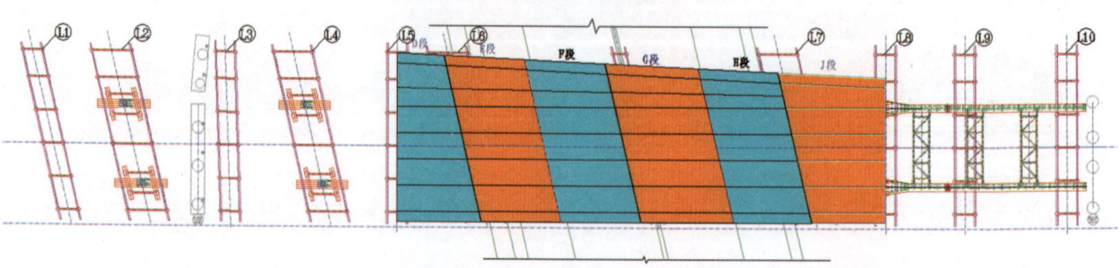

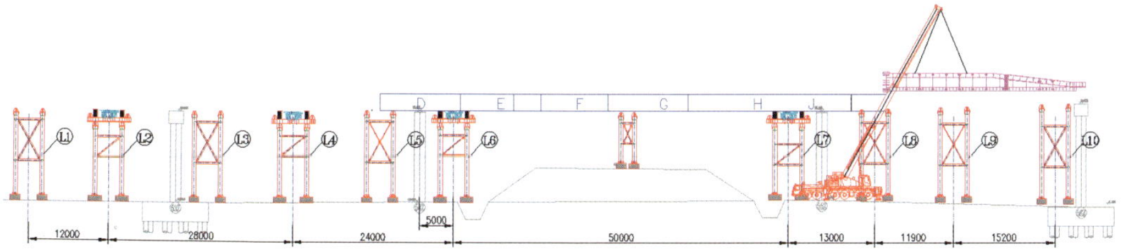

左幅吊装施工流程

① 依次吊装 A → B → C 节段。ABC 节段中 B2 节段最重，约为 26 t，采用安全系数 1.2，约为 31.2 t。使用 220 t 汽车吊，作业半径 18 m，臂展最长 27 m，起吊重量 33 t，满足 ABC 三个节段吊装需求。

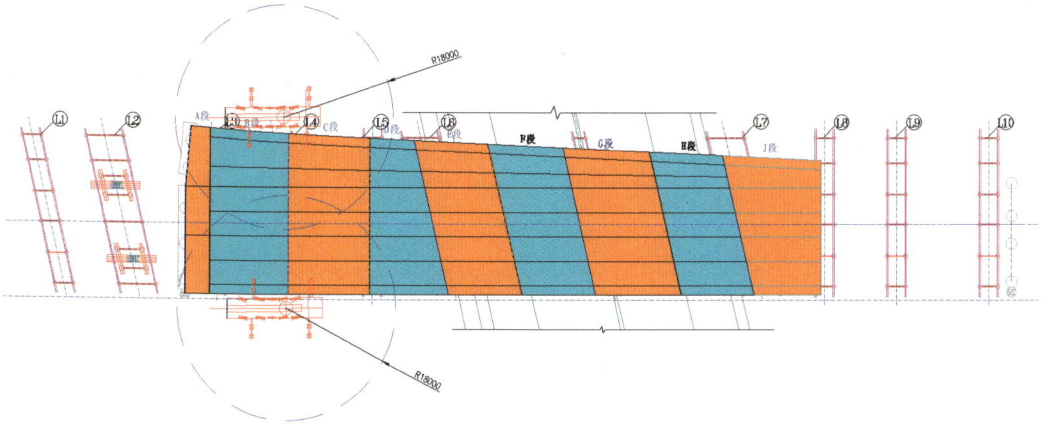

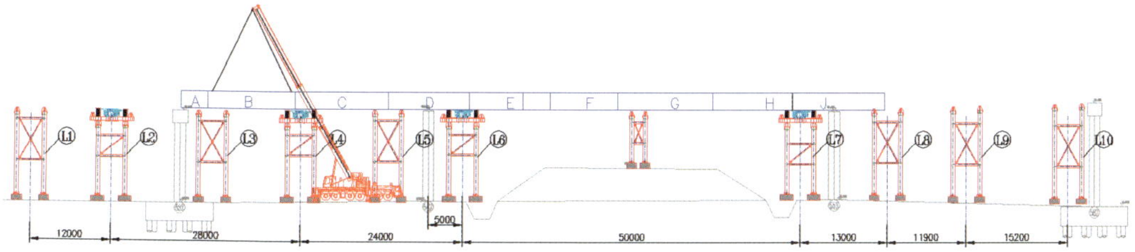

②吊装 M 节段横梁段，M2 箱梁最重，约为 41 t，采用安全系数 1.2，约为 50 t，选用 300 t 汽车吊，作业半径 14 m，臂展最长 25.4 m，起吊重量 56 t，满足吊装需求。

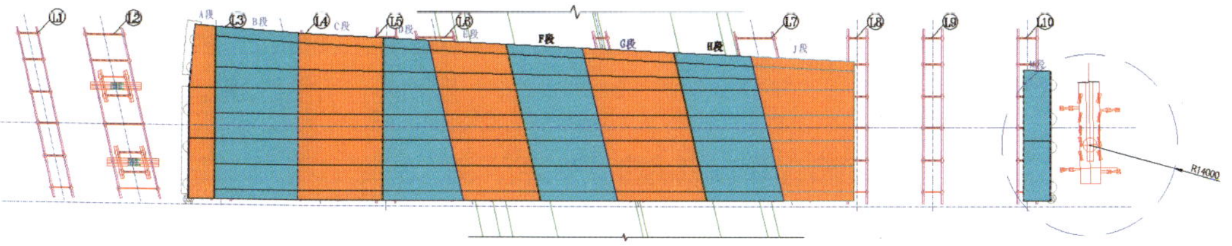

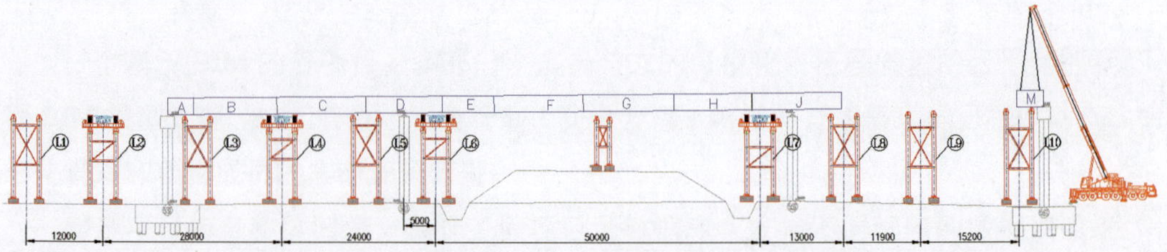

③吊装 LK 节段，L 节段为合龙段，最后吊装。L、K 节段最重箱梁均为 29 t，采用安全系数 1.2，约为 35 t，选用 300 t 汽车吊，作业半径 20 m，臂展最长 25.4 m，起吊重量 37 t，满足吊装需求。

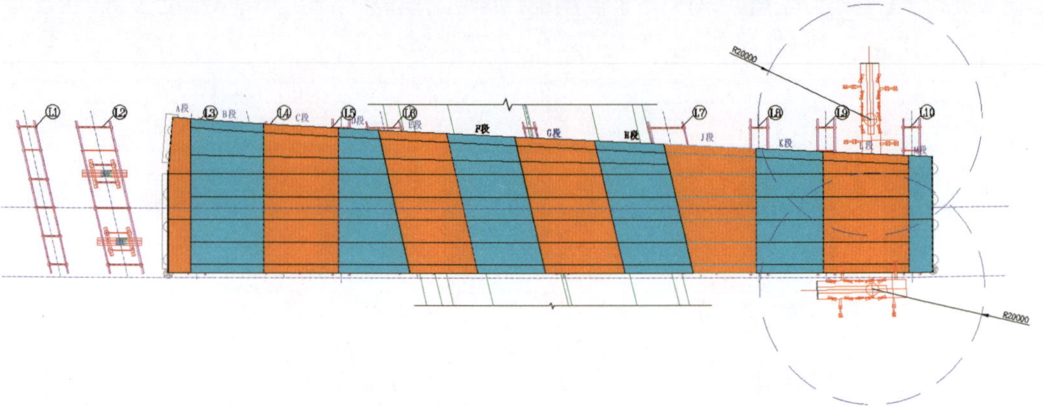

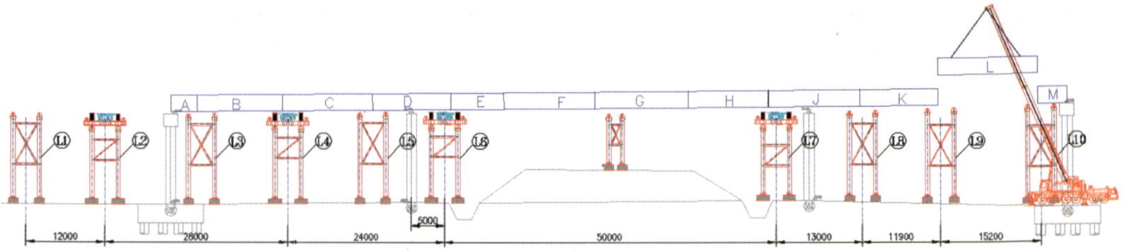

④现场测量检测无误后，拆除支架，左幅钢箱梁安装完毕。

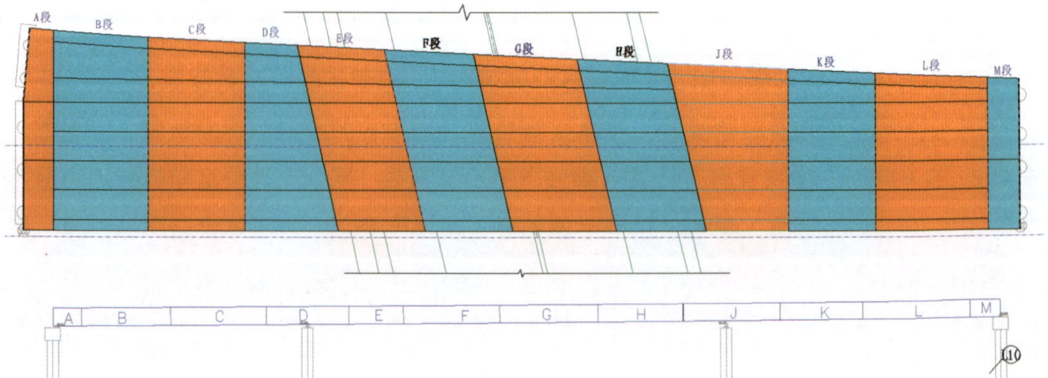

8.2.2.3　顶推过程控制

1. 导梁过支撑

导梁无法顺利上墩时，可以通过设置在导梁鼻梁上的两台迎墩千斤顶辅助上墩，迎墩时，先将迎墩千斤顶缩缸到底，根据迎墩高差设置相应的垫梁，再利用迎墩千斤顶将鼻梁顶起，越过步履顶推装置后将滑箱行程回位，卸掉迎墩千斤顶荷载将力转移到滑箱，迎墩完成以后，把垫块恢复到顶推状态，并投入该墩的步履顶推设备。钢导梁过墩步骤如表 8.7 所示。

在钢导梁遇到下挠过大无法过顶推机时，先让钢导梁过墩顶，然后用千斤顶将钢导梁顶起，在支点上放置钢垫块，回落千斤顶使钢导梁重新支撑于钢垫块上；千斤顶回落至最低位置，并在千斤顶上放置钢垫块，重复此步骤，使支点达到顶推高程。

表 8.7　钢导梁迎墩主要步骤

序号	示意图	说明
1	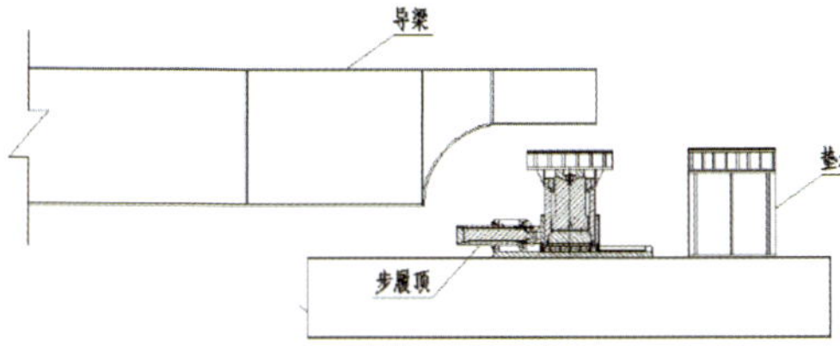	拆除一节钢垫块，使导梁前端越过步履式顶推设备
2	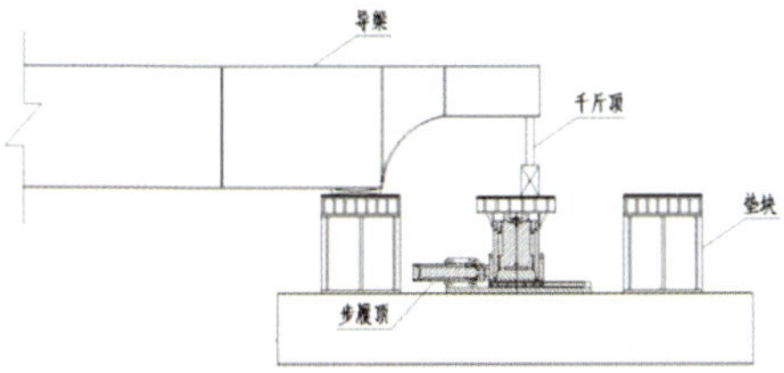	用 100t 千斤顶将导梁前端向上顶起，消除导梁下挠
3	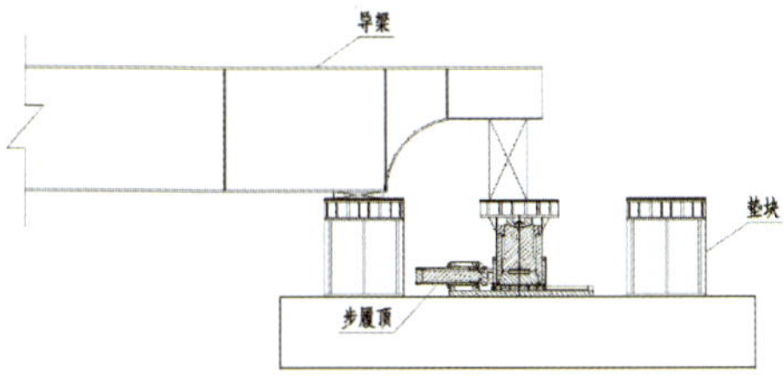	在导梁与顶推设备之间抄垫支承垛，用步履式千斤顶支承导梁
4	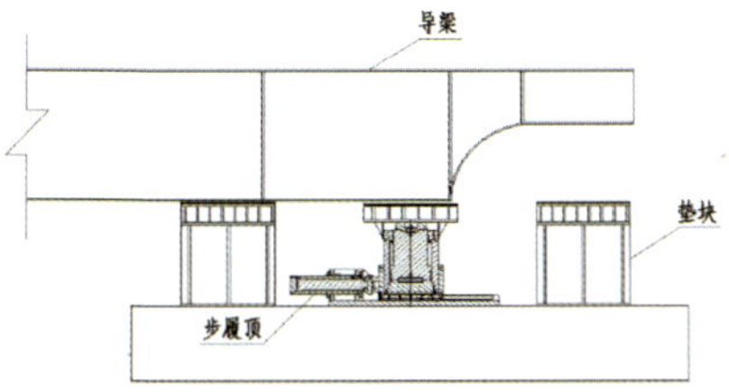	利用顶推设备顶推钢箱梁，导梁梁底到达顶推装置上方后，开始正常顶推

2. 顶推过程控制要点

第一，在一切准备工作做完之后，且经过系统的、全面的检查无误后，现场顶推作业总指挥检查并发令后，才能正式进行钢箱梁顶推作业。

第二，在液压顶推过程中，注意观测设备系统的压力、荷载变化情况等，并认真做好记录工作。

第三，在顶推过程中，测量人员应通过钢卷尺配合测量各顶推点位移的准确数值，以辅助监控钢箱梁单元顶推过程的同步性。

第四，顶推过程中应密切注意临时支撑、液压顶推器、液压泵源系统、计算机控制系统、传感检测系统等的工作状态。

第五，现场无线对讲机在使用前，必须向工程指挥部申报，明确回复后方可使用。通信工具专人保管，确保信号畅通。

3. 试顶推阶段

一个钢箱梁顶推单元的钢结构安装完成，检查无异常，电气系统调试结束后，进行顶推作业。首先调节相应的泵站压力进行 40% 加载，开始顶推至所有顶推点爬行器油缸推不动为止，检查是否有异常情况，确认无误后，继续进行理论值的 60%、80%、90% 及 100% 加载。若存在个别点无法移动，检查确认胎架约束全部解除后，应与甲方技术人员沟通是否进一步加载，直至所有顶推点移位。在所有顶推点开始移动后，暂停顶推，全面检查各设备运行正常情况，确认一切正常后，继续进行顶推施工。

4. 正式顶推节段

试顶推阶段一切正常情况下开始正式顶推。

在整个顶推过程中应随时检查：①钢结构跨度大，推移距离长。顶推时，通过预先在钢箱梁底部所标出的刻度来随时测量复核每一支座顶推的同步性；②跟踪检查各顶升点状况；③确保临时支撑以及钢箱梁永久支撑旁障碍物的随时清理。

5. 顶推不同步调节

在实际工作中，绝对的同步是不存在的，所谓的同步控制是指控制钢结构所有顶推点的位移误差在要求的范围之内。本工程中安全不同步值取 15 mm，调节不同步值取 10 mm。即顶推点不同步值超出 10 mm 时，系统停下，操作人员协同甲方检查各支撑点是否存在障碍，待情况明确后启动系统单点单动功能，直到所有顶推点不同步值在 10 mm 以内继续顶推。在实际操作中，操作人员重点关注不同步值，如果发现顶推过程中某点的顶推不同步值有偏大趋势时，即可通过调节该顶推点对应泵站的流量来改变该顶推点的推移速度，使之向着有利于实现缩小不同步值的方向进行。简言之，如果不同步值小于 10 mm 且有增大趋势时，必须通过调节泵流量改善不同步状况；如果不同步值大于

10 mm，则查明原因后采用单点动作实现控制。

6. 顶推到位

整体同步顶推至距离就位点相差 200 mm 时，降低顶推速度，配合甲方测量所有顶推点的相对距离（相对于就位位置），然后根据结构的姿态确定相应的控制参数，一般的原则是相对距离大的点推移速度加快，相对距离小的点推移速度减慢，在动态的过程中使整个钢结构逐渐接近就位位移。由于整个推移过程的推移距离相差控制在 10 mm 以内，所以各点的速度调节相差不会太大。

继续整体推移至距离就位位置相差 15 mm 时暂停，再次配合项目部测量所有顶推点的相对距离，然后根据测量结果分组调节相应顶推点的推移速度，采取先到就位点截止的控制方式进行单独调节，直至所有顶推点达到要求值。

7. 顶推施工中观测项目

为了确保主梁最终成桥后符合设计的线形要求和应力状态，需要对拼装顶推过程在动态和静态下的各种工况下进行施工过程分析，找出不利状态、最大变形值并进行详细观测和有效的控制，主要包括以下内容：

第一，拼装平台的沉降和变形。

第二，主梁节段运输及起吊就位后的变形。

第三，因温度影响、日照不均匀、焊接累积误差而产生纵向长度变化；风的作用力对顶推的影响，主纵梁平面点标高，横向位置（坐标）变化。

第四，顶升垫梁顶面标高的变化，沉降和压缩变形、温度升降的变化、所有临时支撑柱在顶推时的纵向位移及标高变化。

第五，主梁挠度观测，每跨尾部接头端面竖向转角挠度测量，关键截面的应力测试；导梁挠度、受力变形观测。

第六，主梁底板在垫梁上接触情况观测，主梁内腹板、底板最不利受力状态内力检测和分析。

8.2.2.4　顶推施工技术措施

在钢箱梁顶推过程中，包括钢箱梁两侧顶推不同步在内的多种因素可能会造成桥梁轴线偏离理论位置，影响桥梁的水平线形。因此，为了控制钢箱梁在顶推过程中的轴线始终处于规定范围，导向纠偏十分重要。

第一，钢箱梁安装精度控制。

表 8.8　钢箱梁安装精度控制表

项目	允许偏差 /mm	
	控制标准	验收标准
高程	± 5	± 10
轴线	± 5	± 10

第二，防中线偏差措施。

①确保同步顶推：每次顶推前，应仔细检查中央控制系统和各墩位处顶推设备的性能，顶推过程中通过顶推位移和顶推力进行双控，以顶推位移为主，确保钢箱梁左右侧前行位移量协调统一。

②监测措施：在钢箱梁前端和尾端顶面设中线偏移监测点，顶推过程中连续观测。钢箱梁顶推过程中实测轴线坐标与理论轴线坐标对比，以此指导轴线纠偏。

③限位措施：在各墩顶设置防侧向下滑的限位挡块，防止钢梁在顶推过程中发生超限侧向滑移；在拼装平台设置千斤顶返拉装置，防止钢箱梁在顶推过程中纵向下滑。

第三，现场顶推过程中实际偏位控制及调整。

施工现场除了按照测量单位提供的中心偏位数据外，每个点安排有 1 名设备监控人员，每个监控人员在现场相对固定点做好标记，并在每个行程结束后报告该点的两边实际偏位，同步顶推过程中，如果某点的实际偏位超过 5 cm，则结合该点的相邻点的偏位情况，利用顶推设备的纠偏油缸进行梁体纠偏。

每日顶推完成后，测量配合提供桥梁实际偏位状况，次日顶推前进行调整，并告知每个点的实际偏位，监控人员做好初值记录，便于当日判断梁体偏位情况。

第四，纠中线偏差措施。

如果施工过程中出现梁段整体的中线偏差，应该暂停进行顶推施工，进行偏差纠正，每个墩顶的顶推设备上设置的横向调节油缸具有纠偏功能。启动中央控制系统，输入每个点的中线偏差纠正值，同时启动调节油缸，将梁体中线偏差调整到允许范围内。

第五，横向纠偏措施。

钢箱梁横向纠偏以千斤顶同步控制进行，单个步履式千斤顶设计有 200 t 横向纠偏油缸，控制中心集中控制。

钢箱梁顶推施工时，梁体在纵向移动过程中会出现左右方向横向偏移。为了控制钢箱梁在顶推过程中中线始终处于规定范围内，采取如下纠偏方法：①顶推过程中轴线偏位预警值为 3 cm，当偏位达到该值时停止顶推，进行纠偏。②确保顶推同步。每次顶推前，应仔细检查中央控制系统和各墩位处顶推设备的性能，顶推过程中通过顶推位移和顶推力双控，以顶推位移控制为主，确保钢箱梁左、右前行位移量协调统一。③顶推时实施动态监测措施。在顶推临时支墩顶上放出轴线，钢箱梁底部也放出轴线（环焊结束后，红漆笔在钢梁底端画出轴线），顶推过程中位于墩顶上的操作人员采用吊垂线的方法，测量进尺同步性和轴线偏移值。当发现中线偏位时，及时纠偏。在钢箱梁的端部中心的顶板和底板上用红油漆笔画断面中心线，用全站仪每隔一段时间测量轴线端点，确定是否发生偏移，一旦发生及时纠偏。

8.3　顶推施工质量控制关键技术

8.3.1　目标确定

小组通过组织和邀请有实际钢箱梁施工经验的专业技术人员、业主、设计和监理单位的代表召开专题讨论会，对收集到的调查表进行分析讨论，对试顶推完成的钢箱梁共验收点位 416 个，其中不合格点位 50 个，统计显示合格率为（416–50）/416=88%，并归纳出影响步履式顶推施工钢箱梁顶安装合格率的关键指标。

表 8.9　难点因素统计表

序号	难点问题	频数 / 处	累计频数	频率 /%	累计频率 /%
1	轴线偏位	42	42	84	84
2	高程高差	3	45	6	90
3	支座偏位	2	47	4	94
4	焊接质量	2	49	4	98
5	其他	1	50	2	100
合　计		50		100	

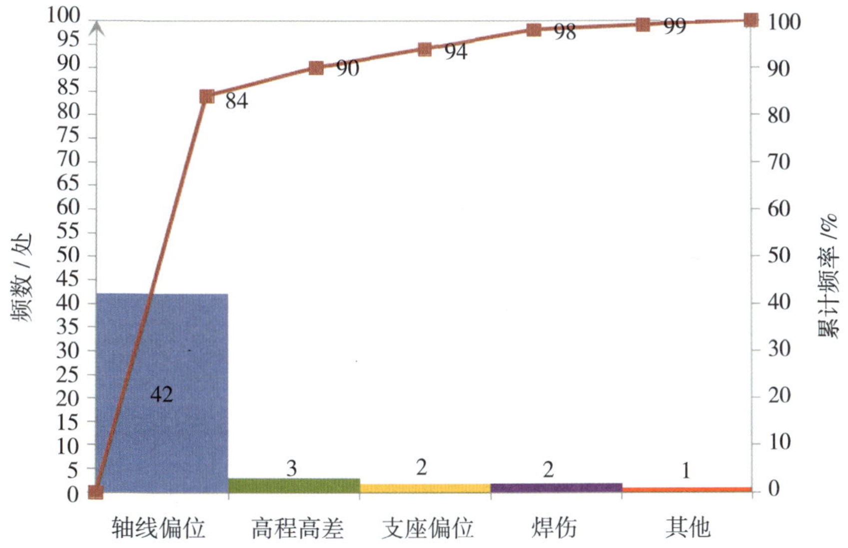

图 8.9　原因分析图

由图 8.9 可知，步履式钢箱梁顶推施工的难点症结是“轴线偏位”，因此若想解决步履式钢箱梁顶推施工的技术难题，需要闯过这个难关。

节段梁的施工质量均控制在目标内，质量评定合格率达到 95%，项目质量目标达到 97%。钢箱梁中线偏差≤ 10 mm，钢箱梁相对标高偏差≤ 5 mm，钢箱梁绝对标高偏差≤ 5 mm。

8.3.2　原因分析

针对难题，QC 小组组织人员进行探讨，围绕步履式钢箱梁顶推施工进行分析，找到问题的根源，从根源解决问题。经整理绘制原因分析鱼骨图如图 8.10 所示。

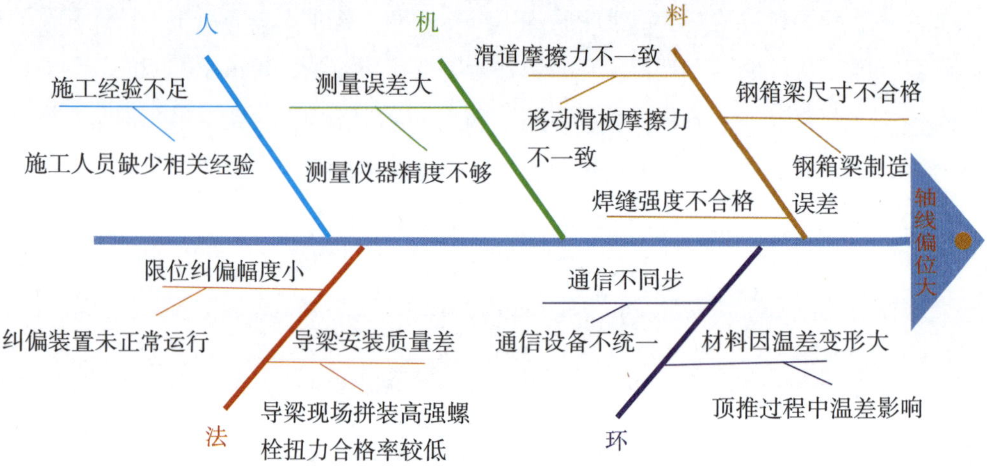

图 8.10　原因分析鱼骨图

由关联图可知，共有 9 个末端因素，并制定了要因确认计划表，具体内容和标准见表 8.10。

表 8.10　要因确认表

序号	末端因素	确认方法	确认内容
1	焊缝强度不合格	现场检测	确保焊缝质量符合方案要求
2	钢箱梁制造误差	现场检测	对入场钢箱梁进行全数检查，长宽高误差符合设计要求
3	移动滑板摩擦力不一致	现场检测	移动滑板摩擦力是否满足方案要求
4	施工人员缺少相关经验	现场调查	熟练掌握施工工艺，有较强的质量意识
5	导梁现场拼装高强螺栓扭力合格率较低	现场检测	使用扭力扳手，检测连接导梁所用的高强螺栓扭力是否满足规范要求
6	纠偏装置未正常运行	现场检测	检查千斤顶型号、垫块及操作要求是否符合施工方案要求
7	测量仪器精度不够	现场检测	查看仪器精度、校核报告

表 8.10（续）

序号	末端因素	确认方法	确认内容
8	顶推过程中温差影响	现场检测	施工过程中温差小于 10℃
9	通信设备不统一	现场调查	通信设备规格统一

8.3.3　质量对策

针对以上造成步履式钢箱梁顶推过程中的轴线偏位的主要因素，QC 小组全体成员集体共同探讨调查发现问题，解决问题，最终决定如表 8.11 所示。

表 8.11　问题对策实施表

序号	要因	对策	目标	措施
1	移动滑板摩擦力不一致	在移动滑板上均匀涂抹润滑黄油并及时更换损坏的滑板	移动滑板摩擦力是否满足方案要求	① 每完成一个节段的钢箱梁顶推作业，都进行补油、更换磨损严重的移动滑板。 ② 加强清洁
2	施工人员缺少相关经验	加强工人关于步履式顶推施工相关技术培训、技术交底、质量教育	熟练掌握施工工艺，有较强的质量意识	①对第一次测试时步成绩较差的施工人员进行步履式顶推施工技术培训； ②对全体施工人员进行重新交底并再次进行调查问卷测试
3	导梁现场拼装高强螺栓扭力不足	对现场已安装的导梁连接所用高强度螺栓进行检查	使用扭力扳手，检测连接导梁所用的高强螺栓扭力是否满足规范要求	组织施工队伍检查导梁连接所用的全部高强度螺栓的材料、扭力值，对材料不合格的螺栓进行更换，扭力值不合格的进行加强

实施 1：在移动滑板上均匀涂抹润滑黄油并及时更换损坏的滑板。

项目部现场技术员和施工队技术员每完成一个节段的钢箱梁顶推作业。联合对移动滑板进行补油，并查看移动滑板的磨损程度，对磨损严重的移动滑板及时进行更换，现场由技术员负责带队加强监测。

实施 2：针对施工人员缺少相关经验。

通过邀请钢箱梁专业分包队伍技术人员参与到施工方案二级交底过程中，通过一起接受技术交底熟悉步履式顶推施工，并共同加强新进场的普工人员培训。

实施 3：针对导梁现场拼装高强螺栓扭力不足进行整改。

组织施工队伍检查导梁连接所用的全部高强度螺栓的材料、扭力值，对材料不合格的螺栓进行更换，扭力值不合格的增加扭力。

8.3.4 质量结果

经 PDCA 循环后，对顶推完成的钢箱梁安装合格率进行一次检查验收。共验收 432 个点位，其中不合格点位 11 个，统计结果显示合格率达到（432–11）/432=97.5%，高于活动目标值 97%。

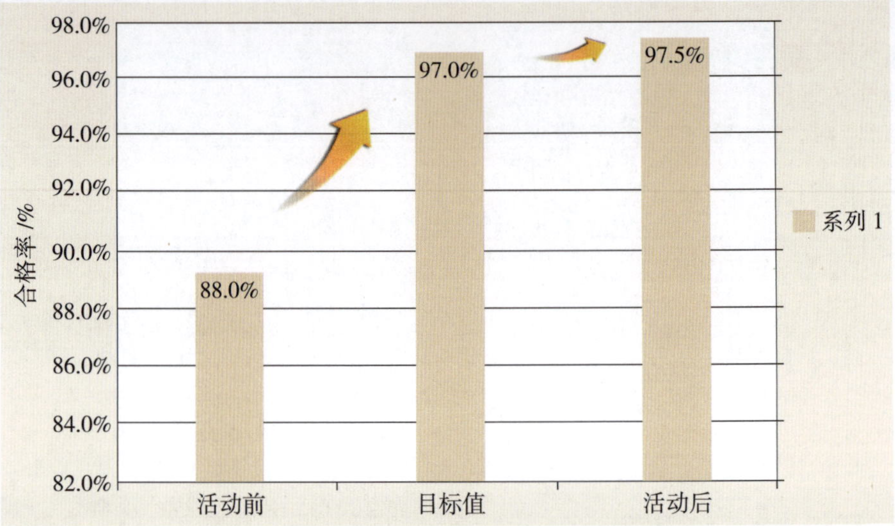

图 8.11 步履式顶推质量控制 QC 活动目标完成图

通过对活动前的步履式顶推施工钢箱梁安装检测表、问题排列图与活动后的评定表、问题排列图进行对比可知，顶推施工钢箱梁安装量问题数量已经降低，且主要因素“轴线偏位”出现频率由 84% 降至 36%。总体合格率由活动前的 88% 提升至活动后的 97.5%。本次 QC 活动取得了良好的效果。

8.4 研究小结

本章主要涉及上跨高速变截面曲线组合钢箱梁的顶推施工技术研究，包括顶推施工方案设计分析、计算荷载、钢箱梁顶推施工关键技术以及难点因素统计等方面。本章得出如下结论：

第一，运用有限元仿真计算技术，对钢箱梁和导梁的荷载进行计算和分析，为顶推施工提供科学依据。

第二，研究钢箱梁安装精度控制、线形控制和纠偏措施等关键技术，有效控制施工误差和偏差，确保施工质量。

第三，统计难点因素并确认要因，预判并解决可能遇到的问题，为施工提供指导和保障。

以上技术的应用能够提高施工效率和质量，降低施工风险和成本，具有重要的实用价值和经济效益。

第九章　施工阶段全要素信息化综合应用研究

9.1　施工信息化应用综合分析

9.1.1　项目概况及重难点分析

第一，城市环境制约要素多，工程安全、高质、高效完成的难度大。项目位于项城市，建造环境为典型城市环境，工程建设不得对城市正常运转造成不利影响，品质建造难度高；主桥桥位距离现有船闸近，另有 2 条规划航道，3 条航道同时并存，主桥跨径布置受限严重；连续上跨 G329 国道和宁洛高速等控制物，桥梁方案兼顾因素多。跨越沙颍河，附近存有湿地保护区，不得对水土造成不利影响，环保压力大；制约要素多样，统筹协调难度大，对于管理提出了非常高的要求。

图 9.1　施工环境

第二，水文条件复杂，主桥基础施工难度大。沙颍河为淮河流域最大水系颍河水系的支流，汛期水位高，河道通航，为基础的安全施工带来较大难度。具体包括：①沙颍河特大桥主墩桩基采用钻孔灌注桩，基桩按摩擦桩设计，桩径 2.2 m，桩长最长 91 m，属于超长钻孔桩施工；② 6# 主墩紧邻沙颍河主河槽护堤，原地面（43.00 m）距承台底 19 m，为临水深基坑工程；③ 7# 主墩承台位于沙颍河主河槽，桥址区河床不平整，呈现北高南低，上游高下游低的形状，桥址区水深最深为 17 m。

图 9.2　围堰施工

图 9.3　7# 主墩基础施工

第三，桥型广。桥梁占比52.6%，桥型广泛，涵盖单索面部分斜拉桥、变宽钢箱梁桥、变宽预应力混凝土箱梁桥以及装配式组合小箱梁等多种桥型，享有“桥梁小博物馆”之称；主桥箱梁全宽33.56 m，为单箱三室直腹板箱梁断面，悬臂长达7 m；由于设置互通，引桥存在大量多联变宽分叉的异形结构桥梁；跨G329（迎宾大道）公路桥梁采用支架法施工，“边通车、边施工”，跨越宁洛高速采用钢箱梁，顶推施工。这些结构特点、建造环境特点都为工程协调、施工带来较大的难度，质量、安全风险水平高。

第四，跨现有道路及沙颍河、穿植物园等环保区域，环境保护压力大。沙颍河本身为绕城河流，周边有淮阳龙湖国家湿地公园、周口市永宁湖湿地公园等，具有较高的生态价值。本段工程直接穿行项城植物园，对噪声、固废、污水的管控要求极高，工程实施环境保护压力大。

9.1.2 BIM应用规划

第一，本项目引进BIM技术施工管理模式以提高工程施工质量，更好地开展工程的项目管理，达到项目设定的安全、质量、工期、投资等各项管理目标。通过工艺模拟、现场规划与动态管理、三维可视化技术交底、辅助验收等BIM技术的应用，以数字化、信息化和可视化的方式提升项目建设水平，做到精细化管理。

第二，运用BIM技术提高信息化管理水平，提高管理工作效率。在施工全过程中对深化设计、施工工艺、工程进度、施工组织及协调配合方面高质量运用BIM技术进行模拟管理，实现工程管理由3 D向4 D、5 D发展，提高工程信息化管理水平，提高工程项目管理工作效率，最终形成包含本工程全生命周期施工管理数字化信息的竣工模型。

第三，建立精细化的BIM模型。BIM模型的创建在满足国家相关规范标准要求的基础上需遵循以下3个基本原则：①一致性，模型必须与2 D图纸一致，模型中无多余、重复、冲突构件，在项目的各个阶段，模型所反映的对象信息应和最新的2 D图纸是对应的；②合理性，模型构建要符合实际情况，避免额外出现不必要的模型碰撞；③实用性，BIM模型的创建方式是围绕不同的BIM应用展开的，根据不同的BIM应用执行不同的建模精细度要求。

要求BIM模型能精确地指导施工，并保证在组织验收时，可对BIM模型进行任意特征点的坐标高程复核或任意构筑物的工程量提取，确保交工与设计图纸保持一致。

9.1.3 BIM技术架构

组长1人：制定BIM实施策划方案及工作流程，全面负责本工程BIM模型的创建及现场BIM技术运用、全面管理BIM工作开展情况。

BIM工程师6人：按照《建筑工程施工信息模型应用标准》等规范要求，负责本工程 BIM 模型创建、模型审核及应用、图纸审核及计划等工作。

信息化管理人员 1 人：按照规范采集项目 BIM 数字信息，负责施工过程的数据及模型的移交，数字化平台的建设及协助开展其他相关 BIM 工作。

总体实施流程：BIM 需求分析—BIM 实施标准建立—BIM 实施计划制定—BIM 实施人员分工—BIM 模型建立—模型核查与更新维护—BIM 技术应用—结合 BIM 平台进行过程管理。

9.2　施工阶段 BIM 综合应用与创新

9.2.1　桥梁施工工艺模拟

9.2.1.1　基础施工

项目存在深基坑、深水围堰等危险性较大的施工工艺，通过施工模拟能事先预演施工全过程，能提前发现施工管理中质量、安全等方面存在的隐患，因而可以采取有效的预防和强化措施，提高工程施工质量和施工现场管理效果。

9.2.1.2　主桥施工

主桁架系统在已浇筑的 0# 块上拼装，底篮系统利用大梁顶设置的悬臂型钢进行拼装就位，用塔吊配合安装，拼装时，按构件编号及总装图进行。拼装程序是：走行系统→桁架→锚固系统→悬吊系统→底模板→内外模→防护系统。

图 9.4　主梁施工

9.2.1.3　引桥施工

引桥段桥梁类型多，且社会环境复杂，车流量密集，严格按照标化工地的要求管理；设置好安全护栏，并在护栏上设红色警示灯，同时两盏警示灯之间设置照明灯以加强道路视线；合理安排施工时间段，并制定紧急救援措施，确保施工过程中交通安全，保障人员生命财产安全。

9.2.2　BIM+VR/AR 辅助施工

将 BIM 模型制作为 VR 模型，通过手机扫描图纸便能呈现结构模型。AR 技术人员利用 VS 编写 Unity 代码，通过后台数据将图纸与 BIM 模型结合起来，并附带相关信息属性，施工人员可以通过手机扫描图纸查看结构模型，更便于施工人员了解结构构造、掌握施工要点，并做好施工准备。

图 9.5　安全风险提示

图 9.6　查看 AR 模型

9.2.3　BIM 辅助航道分析

9.2.3.1　航道分析

主桥桥位距离现有船闸较近，另有 2 条规划航道，3 条航道同时并存，主桥跨径布置受限严重；根据设计图纸及实景模型，将环境真实还原，全方位展现位置关系，进行航道的可视化分析。

图 9.7　位置关系

9.2.3.2　栈桥设计分析

通航孔桥面宽度 6 m，跨度 30 m，净跨 27 m，结构采用下承式，主梁采用 300 型桁架（梁高 3 m，长 6 m），横梁采用 H600 型钢，以此满足大跨度栈桥结构受力。另外，在使用过程中，对航道、钢栈桥的工作状态进行实时监测，制定相应的预案措施，切实规避风险。

9.2.4　BIM 辅助交通导改

根据保通方案，建立 BIM 模型，在 BIM 模型环境中展示方案的合理性。为减少跨路施工时间，施工采用左右幅同步施工的方式进行，支架同时架设，避免了两次封路带来的交通及施工风险。

两侧绿化带及辅道将采用围挡封闭，保持主行车道保证通行。并在抖音、百度地图、当地媒体电视台等播报施工占道说明，提醒来往车辆、行人。

图 9.8　第九联导改方案

图 9.9　第十六联导改方案

9.2.5　BIM+ 无人机实景建模

利用无人机航拍结合 Context Capture 形成实景模型，通过对比各阶段实景模型之间、实景模型与 BIM 模型之间的差异，确定工程中已完成量、未完成量、已完成比例、未完成比例及周期时间的完成量等进度管理信息，实现工程进度的形象化展示和工程量的快速统计分析。

在实景模型上可直接测量坐标、面积等施工数据；同时分析研究交叉口及附近地理环境，对交叉口进行交通导改模拟，阶段性与 BIM 模型做对比复核，形成完整数据资料。

图 9.10　实景建模

9.2.6　基于 BIM 技术的智能钢筋加工

应用基于 BIM 技术的智能钢筋加工机械。在钢筋建模软件中，依据图纸、结合现场施工人员的施工经验，对钢筋绑扎的优先顺序、绑扎方法、接头连接调整好模型。导出钢筋下料表单，智能钢筋加工机械可根据导出的数据进行弯钩参数设置。弯折半径默认为国家标准，同时可根据实际需要进行调整，节约工期约 10 d，避免材料浪费约 0.3%，减少人工投入约 40%，综合效益提升。

图 9.11　钢筋模型

图 9.12　二次加工成品

9.2.7　基于 BIM 技术智能化预制梁场

遵照永临结合的理念规划梁场，在路基段上选址，地坪及台座与路基结构层相结合；智能张拉采用前卡式千斤顶配套“一拖四”智能张拉设备，最大限度降低钢绞线损耗系数；采用可行走式安全操作平台进行梁体浇筑作业；配备全自动雾化喷淋养护系统。

智能自动化喷淋养护控制系统，下载 App 安装至手机或电脑，由操作人员下达养护指令，再通过集成基站根据下达的指令要求，定时、定量对梁体进行养护，实现人工远程智能操控。根据温湿度传感器采集每个混凝土预制件养护区的温度和相对湿度，将该数值上传至监控室中的服务器，该控制系统可进行智能分析和决策，自动发布控制指令，实现了智能化全自动喷淋养护。

图 9.13　智能养护

9.2.8　BIM 二次开发

基于 Bentley GC 可视化程序节点对主塔模型进行程序编写。

针对本项目 BIM 应用情况，主塔及斜拉杆均采用相对坐标。程序节点可通过导入所提供的相对坐标，对主塔结构及斜拉杆进行精确建模，节省建模时间，且保证数据准确。再通过节点包内自动坐标对齐功能，可将模型自动与图纸使用坐标系对齐，避免二次复核。

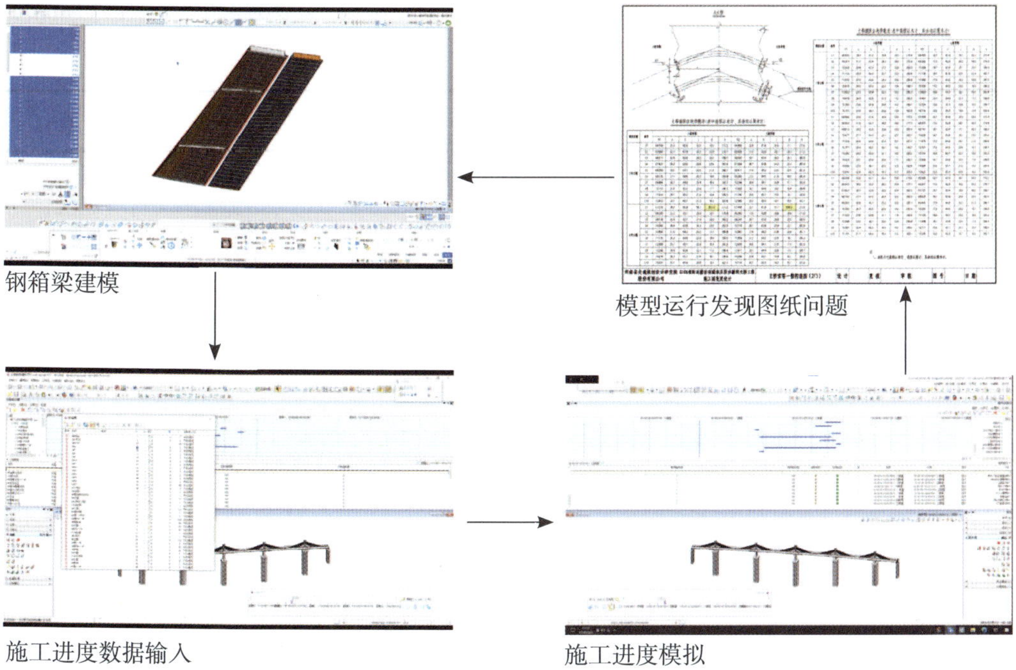

图 9.14　二次开发

9.2.9　基于 BIM 的平台管理应用

9.2.9.1　基于 BIM 的平台管理应用

第一，Project wise 协同工作。

Project wise 平台在 BIM 模型审核、协同以及数据传输中具有较好优势。文件上传下载速度快，支持文件格式较多、兼容性较好。利用该软件进行协同工作，工作效率以及数据安全具有较好的保障。操作简单，易于资料管理员管理，加速项目进程与交付。

第二，BIM 5 D 进度管理。

实际进度的管理由技术员在现场使用手机实时录入进度数据，或在电脑端根据施工台账段录入进度。不同的工序使用不同的颜色区分，从而在 BIM 平台上可以查看现场的实际施工进度。

第三，安全质量管理问题巡查。

通过手机端 App，针对现场安全质量问题，拍照上传，与平台模型关联，逾期未整改将自动通知相关责任人。

第四，生产管理。

通过生产进度管理系统，将施工过程中的验收过程及影像资料整理归档。对每个验收部位明确检查内容，责任到人，对每份资料都注明详细属性，实现资料的可追溯性。

9.2.9.2 基于BIM的协同创新管理平台

一个基于BIM的多项目+多部门+多参与方的可视化+流程管理的云平台，实现工程BIM模型管理、施工管理、质量管理、安全管理、科技与技术管理的可视、动态、精细化管理和项目成员的实时评价管理。

实现项目信息整体归集，建立工程项目大数据库，支持不同维度的数据快速统计，可对类似项目进行快速评估，为领导决策和精益管理提供可靠依据。

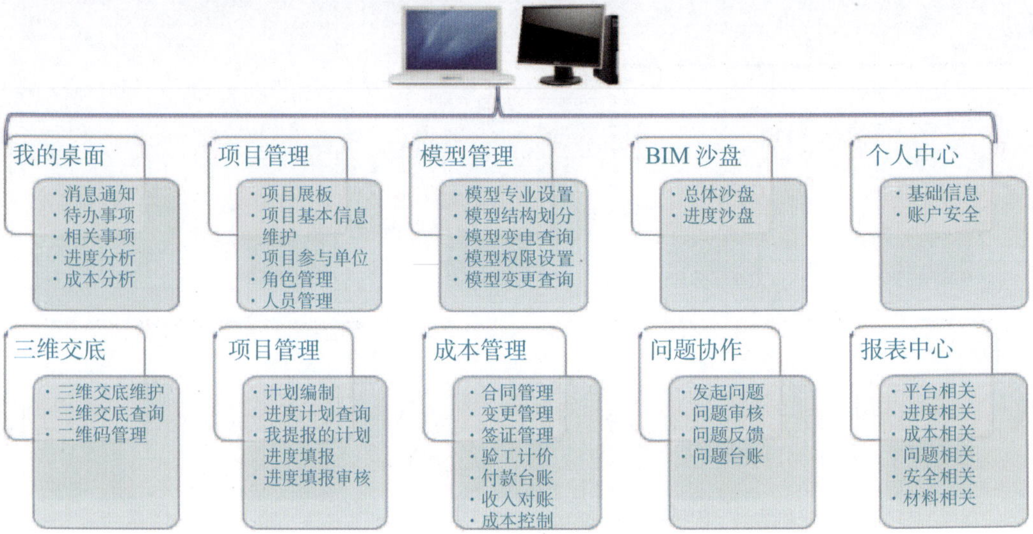

图9.15 协同管理

9.3 研究小结

本章提出了在施工阶段全要素信息化综合应用方面的技术成果，主要包括以下几个方面。

第一，BIM技术在施工管理中的应用。本章提出了引进BIM技术施工管理模式，通过工艺模拟、现场规划与动态管理、三维可视化技术交底、辅助验收等BIM技术的应用，以数字化、信息化和可视化的方式提升项目建设水平，做到精细化管理。同时，BIM技术还可以提高信息化管理水平，提高管理工作效率，实现工程管理由3D向4D、5D发展，最终形成包含本工程全生命周期施工管理数字化信息的竣工模型。

第二，桥梁施工工艺模拟。本章提出了桥梁施工工艺模拟的应用，通过施工模拟能事先预演施工全过程，提前发现施工管理中质量、安全等方面存在的隐患，从而采取有效预防和强化措施，提高工程施工质量和施工现场管理效果。

第三，航道及交通组织分析。本章提出了航道及交通组织分析的应用，根据设计图纸及实景模型，将环境真实还原全方位展现位置关系，进行航道及交通组织的可视化分析，从而提高工程施工质量和施工现场管理效果。

第四，BIM 二次开发。本章提出了 BIM 二次开发的应用，通过对 BIM 软件进行二次开发，可以实现更加精细化的施工管理，提高工程施工质量和施工现场管理效果。

综上所述，本章提出了多种技术成果，这些技术成果可以提高工程施工质量和施工现场管理效果，实现数字化、信息化和可视化的施工管理，为工程建设提供了更加科学、高效、精准的管理手段。

第十章　项目解决的关键技术与创新点

10.1　解决的关键技术

本研究项目旨在提高多塔部分预应力斜拉桥施工关键技术的效率和质量。研究内容涵盖多个方面，包括大直径超长钻孔灌注桩施工技术、高精度索力及线形控制技术、钢管及钢板桩围堰施工技术等，具有较高的复杂性和技术难度。

第一，大直径超长钻孔灌注桩施工技术。

大直径超长钻孔灌注桩施工技术，旨在解决大桥桩基施工组织和质量的问题。桥墩的稳定性和承载能力对于大桥建设至关重要，而这些因素很大程度上取决于桥墩的基础。大直径超长钻孔灌注桩施工技术可以有效提高桥梁的承载能力和稳定性，并解决大桥后续桩基施工组织和质量的问题。

本研究提出了一系列解决方案，包括施工设备的选择和设计、施工组织的优化、施工参数的控制等，以有效提高桥梁的承载能力和稳定性。此外，本研究还深入研究了大直径超长钻孔灌注桩施工技术中的关键问题，例如灌注桩的质量控制、施工工艺和监测等，提出了一系列解决方案，以提高施工效率和质量。通过应用大直径超长钻孔灌注桩施工技术，可以有效解决大桥后续桩基施工组织和质量的问题，提高桥梁的承载能力和稳定性，并为类似工程提供重要的参考和指导。

第二，高精度索力及线性控制技术。

高精度索力及线性控制技术是本研究的一个重要方向，旨在解决斜拉桥施工中索力和线性控制的问题，这些因素直接影响桥梁的安全性和可靠性。为此，本研究建立了高精度的索力监测系统和线形控制系统，以实现对斜拉桥施工过程中索力和线形的实时监测和动态调整，确保桥梁的安全性和可靠性。此外，本研究还深入研究了斜拉桥施工中的索具安装过程中的问题和质量缺陷，并提出了一系列解决方案，有效提高了施工效率和质量。通过解决斜拉桥施工中索力和线形控制的问题，为类似工程提供了重要的参考和指导。

第三，航道深水环境下锁扣钢管桩围堰成套施工技术。

航道深水环境下锁扣钢管桩围堰成套施工技术，旨在解决河流深水环境下桥墩施工面临的挑战。桥墩施工在深水环境下非常具有挑战性，需要克服许多困难和技术难点，才能确保施工的安全和质量。因此，本研究提出了包括施工设备的选型和设计、施工组织的优化、施工参数的控制等一系列解决方案，从而有效解决了河流深水环境下桥墩施工的问题，并保证了施工的安全和质量。同时，本研究还深入研究了锁扣钢管桩围堰成套施工技术中的一些关键问题，例如桩基础的承载能力、桩身的质量控制、桩身的防腐等，有效提高了施工效率和质量。本研究的航道深水环境锁扣钢管桩围堰成套施工技术研究为类似工程提供了重要的参考和指导，确保了施工的安全和质量。

第四，斜拉桥施工的智能化监测系统。

本研究的一个重要方向是斜拉桥施工智能化监测系统，主要研究斜拉桥施工中的结构和性能监测问题。斜拉桥施工过程中由于施工条件限制和工程复杂性，存在许多结构和性能监测难题。因此，本研究提出了一系列解决方案，包括监测设备的选型和设计、监测数据的采集和处理、监测结果的分析和评估等，有效解决了斜拉桥施工中的结构和性能监测问题。实时监测斜拉桥的结构和性能可以及时发现和解决施工中的问题，提高桥梁的安全性和可靠性。同时，本研究还深入研究了斜拉索的张力控制、桥塔的变形控制、桥面的平整度控制等关键问题，提出了一系列解决方案，有效提高了施工效率和质量。斜拉桥施工智能化监测系统是本研究的一个重要方向，通过解决斜拉桥施工中的结构和性能监测问题，提高了桥梁的安全性和可靠性，为类似工程提供了重要的参考和指导。

第五，高速变截面曲线组合钢箱梁顶推施工技术。

本研究的一个重要方向是针对高速变截面曲线组合钢箱梁顶推施工技术进行研究，旨在解决该施工过程中的安全、质量、实时监测、避险和线形控制等难题。由于施工条件的限制和工程的复杂性，变截面曲线组合钢箱梁顶推施工存在多方面的难题。因此，本研究提出了包括施工设备的选型和设计、施工组织的优化和施工参数的控制等一系列解决方案，以有效地解决这些难题。同时，本研究还深入研究了顶推过程中的变形控制、顶推速度的控制和应力分析等关键问题，提出了相应的解决方案，以提高施工效率和质量。本研究的高速变截面曲线组合钢箱梁顶推施工技术研究为类似工程提供了重要的参考和指导，保证了施工的安全和质量。

第六，施工阶段全要素信息化综合应用研究。

提出了引进 BIM 技术施工管理模式，通过工艺模拟、现场规划与动态管理、三维可视化技术交底、辅助验收等 BIM 技术的应用，以数字化、信息化和可视化的方式提升项目建设水平，做到精细化管理。同时，BIM 技术还可以提高信息化管理水平，提高管理工作效率，实现工程管理由 3 D 向 4 D、5 D 发展，最终形成包含本工程全生命周期施工管理数字化信息的竣工模型。

提出了桥梁施工工艺模拟的应用，通过施工模拟能事先预演施工全过程，能提前发现施工管理中质量、安全等方面存在的隐患，因而可以采取有效的预防和强化措施，提高工程施工质量和施工现场管理效果。

提出了航道及交通组织分析的应用，根据设计图纸及实景模型，将环境真实还原全方位展现位置关系，进行航道及交通组织的可视化分析，从而提高工程施工质量和施工现场管理效果。

提出了 BIM 二次开发的应用，通过对 BIM 软件进行二次开发，可以实现更加精细化的施工管理，提高工程施工质量和施工现场管理效果。

通过 BIM 应用技术成果可以提高工程施工质量和施工现场管理效果，实现数字化、信息化和可视化的施工管理，为工程建设提供了更加科学、高效、精准的管理手段。

10.2 课题研究的创新性

本项目对塔矮塔混凝土斜拉桥施工的关键技术开展研究，主要关注施工过程中的关键技术问题，并提出解决方案：

第一，多塔部分预应力斜拉桥的设计和施工技术创新。

本项目采用多塔部分预应力斜拉桥的设计方案，这种桥梁结构在国内尚属于较为新颖的设计，需要进行大量的技术研究和实践探索。同时，本项目还将采用先进的施工技术，如矮塔斜拉桥及钢箱梁顶推等，以确保施工质量和安全性。这些技术创新点将为我国桥梁建设领域带来新的思路和实践经验。

第二，智能化监测系统的应用。

本项目将采用智能化监测系统，对桥梁的结构和性能进行实时监测和分析。这种系统可以通过传感器和数据采集设备，对桥梁的变形、振动、温度等参数进行实时监测，并将数据传输到中心控制室进行分析和处理。这种智能化监测系统的应用，将为桥梁建设领域提供更加精准和可靠的数据支持，有助于提高桥梁的安全性和可靠性。

第三，高速变截面曲线组合钢箱梁顶推施工技术的研究。

本项目还将针对跨高速施工的变截面曲线组合钢箱梁，应用步履式顶推工艺，对支架、导梁、顶推千斤顶布置等进行设计研究，以克服现场施工中的安全、质量、实时监测、避险和线形控制等难题。这种高速变截面曲线组合钢箱梁顶推施工技术的研究，将为我国桥梁建设领域提供新的施工思路和技术支持。

第四，深基坑降水加双层支护钢板桩围堰成套施工技术的研究。

本项目将采用深基坑降水加双层支护钢板桩围堰成套施工技术，以确保基坑施工的安全性和质量。这种技术创新将为我国基础设施建设领域带来新的思路和实践经验，有助于提高基坑施工的效率和质量。

第五，创新性的锁扣钢管桩围堰设计关键技术研究。

本项目将采用锁扣钢管桩围堰作为一种围堰选型方案，针对其设计关键技术进行深入研究，包括考虑水文、地质因素影响的空间计算模型建立、精细化模拟施工步骤、受力安全性的复核、施工顺序及流程的优化等。这种技术创新点有助于提高围堰施工的效率和质量。同时，本项目还提出了钢管桩围堰的构件尺寸选取、入土深度、围檩措施的刚度与强度参数合理范围等，为现场实施提供支撑，具有较高的创新性和实用性。

第十一章　主要技术成果

11.1　项目取得的关键技术成果

第一，高精度索力及线形控制技术。通过建立智能化监测系统，实时监测和分析桥梁的结构和性能，并进行动态调整，提高了桥梁的安全性和可靠性。

第二，大直径超长钻孔灌注桩施工技术。针对黄淮流域大直径超长钻孔灌注桩施工过程中的施工设备、施工组织，施工泥浆和施工参数进行提炼总结研究，对大桥后续桩基施工组织及质量提供依据及保障。

第三，航道深水环境锁扣钢管桩围堰成套施工技术。通过研究航道深水环境下的钢管桩围堰施工技术，提高了施工效率和质量。

第四，深基坑降水加双层支护钢板桩围堰成套施工技术。通过研究深基坑降水加双层支护钢板桩围堰成套施工技术，提高了施工效率和质量。

第五，高速变截面曲线组合钢箱梁顶推施工技术。通过有限元分析精细化模拟施工步骤，设计步履式顶推、支架、导梁、顶推千斤顶布置等，以克服现场施工中的安全、质量、实时监测、避险和线形控制等难题。

第六，超宽超重大悬臂整体式挂篮结构设计与施工技术。通过研究该结构的设计原理和构造特点及施工技术总结了该结构的优点和不足之处，并提出了改进建议。起到了提高施工效率和结构稳定性的作用。

这些关键技术成果在多塔部分预应力斜拉桥品质建造施工中得到了应用，提高了工程施工质量和施工现场管理效果，为工程建设提供了更加科学、高效、精准的管理手段。

11.2　具体成果及形式

项目取得的知识产权技术成果包括研究报告、学术论文、施工工法和专利技术，主要成果见表 11.1 至表 11.5。

表 11.1　QC 成果汇总表

序号	成果名称	获奖名称
1	提高深埋承台钢围堰钢板桩插打合格率	河南省工程建设质量管理小组活动成果一等成果
2	解决钢栈桥施工技术难题	河南省工程建设质量管理小组活动成果一等成果
3	提高奖杯型主塔观感质量一次合格率	河南省工程建设质量管理小组活动成果一等成果
4	步履试顶推钢箱梁施工质量控制	河南省工程建设质量管理小组活动成果一等成果
5	提高锁口钢管桩围堰止水效果	河南省工程建设质量管理小组活动成果二等成果
6	提高预制箱梁保护层合格率	河南省工程建设质量管理小组活动成果二等成果
7	大悬臂变截面 PC 连续箱梁后支点挂篮施工质量控制	河南省工程建设质量管理小组活动成果二等成果
8	提高墩柱外观质量	公司级 QC 成果二等奖
9	提高钢筋笼对中准确率	公司级 QC 成果三等奖
10	提高石灰土施工质量	公司级 QC 成果三等奖
11	步履试顶推钢箱梁施工质量控制	公司级 QC 成果三等奖

表 11.2　论文成果汇总表

序号	成果名称	期刊类型
1	矮塔斜拉桥钢绞线拉索鞍座的发展和应用	《公路》2017 年第 62 卷
2	矮塔斜拉桥钢绞线拉索用菱形分丝管鞍座试验研究	《公路》2019 年第 64 卷
3	矮塔斜拉桥拉索单根换索试验研究	《公路》2023 年第 8 期
4	BIM 在沙颍河特大桥施工中的应用	《施工技术（中英文）》2023 年第 52 卷
5	矮塔斜拉桥施工过程自动化监测系统设计与应用	微型电脑应用，2024，第 4 0 卷第 2 期
6	公路工程经济及项目施工管理	《公路工程经济及项目施工管理》专著
7	超宽大悬臂整体式挂篮结构设计关键技术研究	《运输经理世界》2020 年第 602 卷
8	步履式顶推装备在钢箱梁施工中的应用	《模型世界》2021 年第 2 期
9	单桩竖向静载试验在沙颍河特大桥主墩超长桩基中应用实例	《地下与轨道工程》2020 年第 3 期
10	沙颍河大桥 7# 墩钢管桩围堰设计与施工 / 郭斌	《地下与轨道工程》2022 年第 1 期

表 11.2（续）

序号	成果名称	期刊类型
11	沙颍河大桥斜拉索实桥单根换索试验研究	《地下与轨道工程》2022 年第 4 期
12	塔梁固结体系部分斜拉桥施工监控技术	公司级论文集
13	深基坑双层支护结构设计与施工	公司级论文集
14	Midas civil 在大悬臂现浇箱梁 0# 块三角托架设计验算中的应用	公司级论文集
15	超宽幅单箱三室悬臂梁 0 号块托架支点预压施工技术研究	公司级论文集
16	超宽悬臂浇筑箱梁 C55 高性能混凝土配合比设计及应用	公司级论文集
17	气举法清孔工艺在沙颍河大桥大直径超长桩基施工应用	公司级论文集
18	深水环境锁扣钢管桩围堰采用水刀引孔法工艺研究	公司级论文集
19	大直径超长钻孔灌注桩钢筋笼吊具支架研究与应用	公司级论文集
22	BIM 在沙颍河特大桥施工中的应用 / 吴明义	核心期刊

表 11.3　工法成果汇总表

序号	成果名称	成果水平
1	矮塔斜拉桥斜拉索单根换索施工工法	中国公路建设行业协会 –2023 年公路工程工法
2	大跨度下承式钢桁架通航孔栈桥施工工法	公司级工法
3	深基坑降水加双层支护钢板桩围堰施工工法	河南省工程建设省级工法
4	航道深水环境钢管桩围堰施工工法	河南省工程建设省级工法
5	矮塔斜拉桥大悬臂超宽超重挂篮悬浇箱梁施工工法	河南省工程建设省级工法
6	矮塔斜拉桥斜拉索单根换索施工工法	河南省工程建设省级工法
7	单索面双排索矮塔斜拉桥斜拉索安装施工工法	河南省工程建设省级工法
8	桥梁超长桩基拉压锚法试桩试验施工工法	河南省工程建设省级工法
9	多跨五矮塔斜拉桥超宽幅悬浇箱梁合龙段施工工法	河南省工程建设省级工法
10	矮塔斜拉桥斜拉索单根换索施工工法	中国施工企业管理协会 – 优胜工法

表 11.4　专利成果汇总表

序号	成果名称	专利类型	法律状态
1	一种具有抗滑锚固装置的矮塔斜拉桥斜拉索的更换施工方法	发明专利	已受理
2	大桥主梁工程施工用挂篮悬浇的数据记录装置	发明专利	已受理
3	一种降水开挖加双层组合支护钢板桩围堰施工方法	发明专利	已受理
4	一种悬浇箱梁内模支撑装置	发明专利	已受理
5	矮塔斜拉桥索力监测系统	计算机软件著作权	已授权
6	一种带有抗滑锥体锁紧结构的斜拉桥索鞍	实用新型专利	已授权
7	一种斜拉索的抗滑锁紧结构以及索鞍	实用新型专利	已授权
8	一种垂直钢筋笼安装装置	实用新型专利	已授权
9	一种工字钢吊具	实用新型专利	已授权
10	一种液压式钢筋弯曲钳	实用新型专利	已授权
11	管道吊装爪	实用新型专利	已授权
12	一种钢围堰插打装置	实用新型专利	已授权
13	一种混凝土料斗出料口控制装置	实用新型专利	已授权
14	U 型管道吊装钢结构梁	实用新型专利	已授权

表 11.5　科技成果鉴定汇总表

序号	成果名称	成果水平
1	沙颍河五矮塔斜拉桥施工关键技术研究	中国职业安全健康协会科学技术成果评价为国内先进
2	矮塔斜拉桥斜拉索单根换索施工技术	中国公路建设行业协会鉴定为国内领先
3	桥梁超长桩基拉压锚法试桩试验施工技术	中国公路建设行业协会科学技术成果评价为国内先进
4	通航水域超宽整体式箱梁多塔预应力部分斜拉桥施工关键技术	中国公路学会科学技术成果评价为国内领先

表 11.6　其他成果汇总表

序号	成果名称	成果水平
1	2023 年度第二批河南省建筑业新技术应用示范工程	河南省建筑业协会
2	2023 年度河南省第二批绿色施工示范工程	河南省建筑业协会
3	2023 年度河南省优质结构工程项目	河南省建筑业协会
5	桥梁超长桩基拉压锚法试桩试验施工技术	2023 年度中国公路建设行业协会交通建设“四新”成果
6	桥梁超长桩基拉压锚法	中国施工企业管理协会 2023 年度岩土工程技术创新应用成果的二等成果
7	一种降水加双层支护钢钢板桩围堰施工工法	中国施工企业管理协会 2023 年度岩土工程技术创新应用成果的二等成果
8	一种可调节钢筋笼安装型钢平台组合装置	首届工程建造微创新技术大赛“优秀成果”
9	一种可调节钢筋笼安装型钢平台组合装置 / 郭斌、吴明义、操文磊	中国交建品质工程“微创新”优秀成果
10	BIM 技术在沙颍河特大桥全要素施工的综合应用	2022 第十一届“龙图杯”全国 BIM 大赛三等奖
11	G106 淮阳至项城段沙颍河大桥项目施工 BIM 技术应用	2022 年第四届“市政杯”BIM 应用技能大赛施工组三类成果
12	可调节钢筋笼安装型钢平台组合装置在桩基施工中的应用	2020 年局级四新技术成果
13	桥梁超长桩基拉压锚法单桩静载试验方法	2022 年局级四新技术成果
14	桥梁超长桩基拉压锚法单桩静载试验方法	华中公司第二届青年”五小”创新创效铜奖
15	桥梁超长桩基拉压锚法单桩静载试验方法	中国公路学会第五届全国公路微创新大赛铜奖
50	桥梁超长桩基拉压锚法单桩静载试验方法	华中公司第二届青年“五小”创新创效铜奖